KB069041

스톤밸런싱

내면의 균형을 잡아주는 마음챙김 명상

The Rock Balancer's Guide

스톤밸런싱

트래비스 러스커스 지음 ㅣ 윤서인 옮김

문학수첩

당부 사항 ▶

저자를 비롯해 이 책의 작업에 참여한 모든 사람은 무엇보다 당신의
안전을 바랍니다. 돌 쌓는 일에는 위험 요소가 포함되어 있다는 것을
기억해 주세요. 책에 실린 정보는 당신의 작업을 보완하고 스톤밸런싱을
간접적으로 체험하게 해줄 뿐입니다. 스스로의 한계를 알고 자신의
안전에 대한 모든 책임을 질 수 있어야 합니다. 책에 나온 기술들을
연습할 시 당신의 경험과 능력과 수준을 넘어서려 하지 마세요. 저자는
물론 이 책의 작업에 참여한 어느 누구도, 책에 나온 기술을 잘못
실행했을 시에 발생하는 부상과 손상에 책임을 지지 않습니다.

깨달음을 추구하는 이들에게
이 책을 바칩니다.

CONTENTS

들어가며   8

1장   **호흡**   26
2장   **기회**   50
3장   **믿음**   72
4장   **균형**   90
5장   **한계**   108
6장   **내려놓기**   146
7장   **진화**   164

작은 부탁   182
사진   188

들어가며

환영의 말

내 이름은 트래비스 러스커스이며, 현재 캘리포니아주 샌프란시스코에서 살고 있는 '스톤밸런싱stone balancing', 즉 '돌쌓기' 아티스트다. 당신도 그렇겠지만, 내가 여기에 이르기까지의 여정은 길고도 복잡했다. 나는 찬란한 승리의 순간과 참담한 패배의 순간을 숱하게 경험했다. 내 인생에서 가장 암울했던 시기는 나를 스톤밸런싱의 세계로 이끌었고, 그것에 대해 더없이 감사할 따름이다.

스톤밸런싱은 인위적인 지지대나 접착제의 도움 없이 돌들을 자연스럽게 균형을 맞춰 쌓아서 아름다운 형태를 창조하는 예술 행위다. 스톤밸런싱은 또한 창조, 즉 시작과 끝의 순환, 그리고 인생에 대한 은유다. 새로운 기술들이 모두 그렇듯, 깊이 들어갈수록 더 많은 것을 발견하게 된다. 내가 이 책을 쓴 이유는 돌들의 균형을 잡는 기술과 아울러 그 창조 행위에 담긴 지혜를 알려주기 위해서이다.

스톤밸런싱은 수천 년 동안 계속되어 왔으며, 한편으로 이 책은 잃어버린 고대의 지혜를 다시 일깨워 주기도 한다. 이 예술 작업을 통해 당신은 스톤밸런스stone balance(스톤밸런싱 작업으로 만들어진 돌탑을 통칭한다—옮긴이)를 창조하고 그 창조물을 내려놓는 법, 스스로 부과한 한계를 극복하고 다음 순간으로 전진하는 법을 배울 것이다. 곧 알게 되겠지만, 당신이 애써 쌓은 창조물을 내려놓는 법을 배운다면 인생의 다른 것들을 내려놓는 일이 훨씬 쉬워진다.

맨 먼저 토대를 만들고

한 호흡 한 호흡

천천히 쌓아나가라.

돌이 전하는 지혜

스톤밸런싱은 인내와 집중을 요구한다. 따라서 그 행위 자체가 매우 효과적인 마음챙김mindfulness 명상이 된다. 스톤밸런싱은 급히 서둘러서 해낼 수 있는 게 아니다. 그것은 우리가 현재에, 이 순간에 존재하게끔 해준다. 아득히 오랜 시간 속에서 지금까지 일어났던 모든 일들이 우리를 이 순간으로 이끌었다. 이 순간은 단 한 번뿐이다. 스톤밸런싱은 이 순간을 지혜롭게 사용해야 한다는 사실을 상기시킨다.

다른 마음챙김 명상들처럼, 스톤밸런싱도 호흡의 힘과 연관된다. 이 책을 통틀어 내가 단 한 가지만 가르칠 수 있다면 그것은 바로 호흡을 자각하라는 것이다. 평온하게, 그리고 온전히 깨어서 들숨과 날숨에 초점을 맞추는 일이 중요하다(28~29쪽, '호흡 알아차리기' 참고). 잠시 멈춰서 단순히 의식적으로 호흡할 때마다 우리는 몸과 마음이 명료하게 깨어 있는 상태를 경험한다. 이것이 바로 마음챙김 상태이다. 에고ego의 시끄러운 목소리를 잠재우고 영혼의 진실한 목소리에 귀 기울일 때 그 상태에 이를 수 있다.

호흡의 힘은 당신의 스톤밸런싱을 더 높은 수준으로 올려주고 당신이 매 순간(이 순간을 포함한) 명료하게 깨어 있도록 도와준다.

◁ 일관성

한 번에 돌 1개

이 책은 '1장. 호흡'을 시작으로, 스톤밸런싱의 7가지 핵심 원칙을 소개한다.

1장. 호흡: 1장에서는 호흡의 힘을 경험한다. 우리는 호흡을 통해 지금 이 순간의 에너지와 연결된다. 이 책을 다 읽을 무렵이면 당신은 '한 번에 한 호흡'이라는 자신의 진정한 힘을 발견하게 될 것이다.

2장. 기회: 2장에서는 새로운 문이 열린다. 명료하게 깬 상태에서 돌을 쌓아 올리는 일은 우리로 하여금 두려움과 맞서고 그것을 극복하여 잠재력을 발휘하도록 도와준다.

3장. 믿음: 균형을 잡아가며 돌을 쌓는 법을 가르친 내 경험에 따르면 학생들의 95퍼센트는 돌을 집어서 시도해 보기도 전에 이렇게 말한다. "못할 것 같아요." 3장에서는 스톤밸런싱이 믿음과 자신감을 심어 주는 도구가 될 수 있다는 것을 보여준다.

4장. 균형: 몸은 물론이고 마음도 균형을 이루어야 한다. 균형을 잡고 서 있는 돌은 균형 잡힌 마음으로 이어진다. 4장에서는 스톤밸런싱이 평정과 집중을 촉진하는 방식을 자세히 살펴볼 것이다.

5장. 한계: 돌을 쌓는 과정에서 우리는 스스로 설정한 한계를 재고하고 확장하는 법을 배우게 된다. 5장에서는 우리가 스톤밸런싱을 통해 어떻게 스스로의 무한한 잠재력을 깨닫고 한계를 극복하는지 보여준다.

6장. 내려놓기: 모든 것은 변화하고, 생겨난 것은 결국 소멸한다. 내려놓기는 실행하기 가장 어려운 일 중 하나지만 우리는 그것을 배워야만 한다. 선택의 여지가 없다. 6장은 내려놓기의 중요성을 알려준다.

7장. 진화: 나는 스톤밸런싱이 우리가 세상을 보는 방식을 바꾸게 도와준다고 믿는다. 위의 6가지 개념을 통해 우리는 진화하여 진정한 자아를 발견하고 꿈을 추구할 수 있다.

이 7가지 핵심 개념keystone은 스스로의 잠재력을 바라보는 당신 자신의 시각을 바꾸기 위해 나열된 것이다. 당신을 바꿀 수 있는 사람은 당신뿐이다. 이 개념들은 성공적인 스톤밸런싱은 물론이고 그 작업이 당신의 인생 전반에 미치는 엄청난 영향력을 경험하는 데 필요한 모든 도구를 제공할 것이다. 난생처음 돌쌓기를 직접 해보고 나면 이 재능을 다른 사람들에게 알리고 싶어서 안달할지도 모른다(내가 그랬으니까). 어쩌면 이 책의 단 한 문장이 꼭 필요한 시점에 눈에 띄어서 당신이 문제를 해결하거나 새로운 아이디어를 내도록 도와줄지도 모른다. 거기서부터 당신이 어디로 갈지는 전적으로 당신 자신에게 달려 있다.

고대 예술

당신이 스톤밸런싱의 세계에 들어서서 어디를 가든지, 이 고대 예술이 수천 년 동안 어떤 형태로든 이어져 왔음을 알게 될 것이다. 선사시대부터 사람들은 세계 전역에서 돌을 똑바로 세우고 원뿔 모양의 돌무더기cairn를 쌓았다. 그 목적은 산길, 무덤, 물건을 파묻은 자리를 표시하는 것에서부터 주요 천문 현상들을 강조하고 사냥꾼, 목동, 가축 들에게 대피소를 제공하는 것까지 매우 다양했다. 오늘날에도 돌무더기는 세계 곳곳에서 여전히 다양한 종류의 표지로 쓰인다.

북아메리카: 원주민 길잡이들은 약 12,000년 동안 버펄로 사냥에 돌무더기를 이용해 왔고, 북극의 원주민들은 이눅슈크(inukshuk)로 알려진 돌탑을 향해 보조 기구로 사용했다. 오늘날 캐나다 정부는 스톤밸런스를 항로 표지로 자주 사용하며, 이눅슈크는 지금도 예술품과 이정표 용도로 만들어지고 있다.

남아메리카: 남아메리카 전역에서는 콜럼버스가 아메리카 대륙을 발견하기 이전 시대부터 돌무더기를 이정표로 사용했다. 종교적인 용도로도 쓰였는데, 안데스 지역에서 돌무더기는 잉카족의 대지의 여신 파차마마(Pachamama)에게 바치는 신전이었다.

유럽: 유럽은 현재까지 잔존하는 선사시대의 석조구축물로 유명하다. 고인돌부터 선돌(standing stone), 돌무덤에 이르는 이 유적들은 신석기시대에 세워진 것이다. 가령 스톤헨지(Stonehenge)는 2개의 거석을 수직으로 세우고 그 위에 세 번째 돌을 가로로 눕혀 놓은 삼석탑(三石塔)으로 널리 알려져 있다. 다른 대륙들과 마찬가지로, 유럽에서도 돌무더기는 이정표로 다양하게 사용되었다. 한 예로, 아이슬란드와 유럽 본토 사이의 페로 제도(Paroe Islands)에서 절벽 위의 돌무더기는 뱃사람들에게 짙은 안개 속에 숨은 해안가 바위를 경고하는 역할을 했다.

아프리카: 아프리카의 석조구축물은 강렬한 태양을 피하기 위한 간단한 움막에서부터, 이집트의 거대 피라미드와 엄청난 보물이 묻힌 분묘에 이르기까지 매우 광범위하다. 피라미드는

멀리서 보면 압도적인 규모의 건축물이지만 가까이서 보면 돌 위에 다른 돌을 차곡차곡 쌓아 만든 것임을 알 수 있다. 기자의 대피라미드(The Great Pyramid of Giza)는 전체 무게가 650만 톤으로 약 3톤짜리 석재 230만 개를 쌓아 만든 것이다. 이 건축물은 그 자체로 하나의 강력한 스톤밸런스다.

아시아: 한국에서는 산길과 사찰 근처에서 스톤밸런스를 흔히 볼 수 있다. 전통적으로 기존의 돌탑 위에 돌을 1개 더 놓으며 소원을 비는 풍습이 있고, 돌탑을 쌓아 산신을 모시는 무속신앙도 존재한다. 티베트 불교의 영향을 받은 네팔과 그 밖의 지역에서도 길가에 만트라나 기도문 등이 새겨진 마니석 무더기가 흔하다.

동서양을 막론하고 산길을 가는 사람들은 돌무더기 위에 돌을 1개 더 쌓으면서 행운을 빌거나 자신이 그 길을 지나간 흔적을 남기는 것을 좋아한다. 돌을 쌓는 행위는 여전히 전 세계 사람들의 자연스러운 충동인 것 같다.

모든 세대는
그 이전 세대의
진화의 산물이다.

모성 ▷

자연과의 조화

사람들이 내게 스톤밸런싱을 배울 때 가장 자주 하는 말은 그 작업을 통해 자연과 연결되는 느낌을 받는다는 것이다.

피부색과 나이, 종교, 성별 상관없이 누구나 하나의 돌을 균형을 잡아서 세울 수 있다. 그 이유는 돌이 우리를 똑같이 대하기 때문이다. 돌은 우리를 판단하지 않는다. 그저 있는 그대로 받아들일 뿐이다.

돌처럼, 우리도 자연의 일부다. 우리는 이 사실을 쉽게 잊는다. 우리가 자연과 조화롭게 살지 못하고, 자연으로부터 원하는 것을 가져가는 데 익숙하기 때문이다. 이 책은 영원하지 않을 것이고, 당신의 스톤밸런스도 영원해서는 안 된다. 자연 속에서 돌을 쌓는 작업에는 올바른 방식과 잘못된 방식이 있으며, 환경을 존중하는 것이 중요하다. 산길을 가다가 돌을 몇 개 쌓고 싶을 때 반드시 지켜야 할 사항들을 뒤에서 설명할 것이다. 이 책은 풍경 속에 흔적을 남기지 않기 위해 당신의 창조물에 대한 집착을 버리고 그것을 허무는 방법을 알려준다.

당신은 누구인가?

- 당신의 손을 보라. 실제로 바라보라. 당신의 두 눈은 손을 보고 있다. 하지만 그 손이 생겨나는 데 무엇이 필요했는지를 볼 수 있는가?

- 당신의 손에는 조상들의 영혼이 깃들어 있다. 그들의 온갖 고된 노력과 승리가 당신을 이 순간에 이르게 했다. 그 손을 지혜롭게 사용하라. 당신은 조상들의 존재를 상징하기 때문이다. 조상들을 존중하는 만큼 당신 자신을 존중하라.

나와 당신의 이야기

균형을 잡아 돌을 쌓는 비결은 아주 많다. 이 책에서 나는 그것들을 공개해 당신을 풍요의 길로 안내하려고 한다. 본론으로 들어가기 앞서 내가 처음으로 돌을 세웠던 순간을 이야기하겠다. 스톤밸런싱을 어떻게 시작하게 되었냐는 질문을 가장 자주 받기 때문에 나를 자각에 이르게 한 계기를 이야기하려 한다.

어느 따스한 봄날, 나는 콜로라도주 볼더의 개울 속에 서 있었다. 2013년이었다. 그 무렵 나는 이런저런 시련을 연달아 겪은 뒤여서 내면이 거의 마비된 상태였다. 어떻게 해야 계속 살아갈 수 있을지 막막하기만 했다. 삶을 마감할 생각은 전혀 없었지만 앞으로 나아갈 방법을 알지 못했다. 숨을 쉬는 것조차 버거웠다.

내가 내 인생이라고 여겼던 것이 허망하게 무너졌다. 셰프가 되려고 수천 달러를 들여서 요리 학교를 마쳤지만 레스토랑에서 해고당했고 셰프로서의 경력도 끝장 났다. 오리건주 포틀랜드에서 막 이사한 참이었는데, 이사와 동시에 내가 처음으로 진심을 다해 사랑했던 여자 친구와 헤어졌다. 돈도 없었고, 친구들도 전부 나를 잊은 것 같았다. 지금 돌아보니 실제로 그때까지의 내 인생에서 가장 암울했던 시기였다.

그 봄날에 나는 산에서 흘러내리는 차가운 개울물 속에 맨발로 서 있었다. 고개를 떨구고 초점 없는 눈으로 개울물을 내려다보았다. 수많은 생각이 세차게 흐르는 개울물만큼이나 종잡을 수 없이 스쳐 지나갔다. 한참 후, 나는 크게 심호흡을 했다. 그러자 물속에 있는 뭔가가 세세하게 눈에 들어오기 시작했다. 돌! 거기엔 돌이 있었다. 거센 물살 속에서도, 그 혼돈 속에서도 돌들은 완벽하게 고요하고 평온했다. 내가 한없이 나약했던 순간이 나를 돌에게로 이끌었던 것이다. 그 태고의 얼굴들이 물속에서 가만히 나를 올려다보고 있었다. 내게는 돌을 판단할 지식이 없었다. 나는 그것들을 그냥 있는 그대로 바라보고만 있었다.

바람이 내 옷자락을 흔들고 지나가자 나무들 사이로 햇살이 쏟아지고 물속의 돌들이 환하게 빛을 발하기 시작했다. 나는 돌을 하나 집어 들었다. 마치 생전 처음 돌을 보는 것처럼 신기해하며 자세히 살펴보았다. 그 돌은 금색, 은색, 보라색으로 반짝거렸다.

잠시 후, 문득 궁금해졌다. 이 돌은 몇 살쯤 됐을까? 가늠할수록 더욱 아리송해질 뿐이었다. 수천 년 정도 됐을까? 수백만 년? 수십억 년?

돌을 꼭 쥐고 손가락 끝으로 만져보았다. 내 손의 나이와 그 돌의 나이를 생각하자 그 까마득한 차이가 경이롭기만 했다. 그 돌이 내 손에 닿기까지 몇 십억 년이 걸렸을지도 모른다. 나는 아득히 오랜 세월을 살아온 그 특별한 것을 요리조리 돌려볼 수 있었고 완전히 통제할 수 있었다.

나는 내 안의 나를 바라보며 조용히 말했다. "네가 이 지구에 우연히 태어났을 리 없어. 지금 이렇게 살아 있는 건 분명 그래야 할 이유가 있어서일 거야."
내가 우주와 연결되어 있음을 자각한 것은 바로 그때였다. 그 경험을 언어로는 표현할 수가 없다.

나는 그 돌을 가져다가 개울물 위로 살짝 드러난 근처의 큰 돌 위에 균형을 잡아 세워보기로 했다. 할 수 있는 한 가장 어려운 형태로 세우고 싶었다. 내가 이 세상에서 해야 할 일이 아직 남아 있음을 나 자신과 내게 생명을 부여한 영적 존재에게 입증하기 위해서였다.

애쓴 지 45분이 지나고, 나는 완전히 실패했다. 극심한 피로가 몰려왔다. 하지만 바로 그 순간, 내가 돌을 움직일 때마다 균형이 어떻게 변하는지가 느껴지기 시작했다. 돌이 옆으로 쓰러졌을 때 나는 그것을 반대 방향으로 움직였고, 돌이 중앙의 균형점에 가까워질수록 내게 저항하는 힘이 약해지는 것을 느낄 수 있었다.

잠시 후, 돌은 제자리에 '찰깍' 들어맞았다. 나는 소스라치며 뒤로 물러섰다. 그리고 숨을 한 번 쉬었다. 태어나서 첫 숨을 쉬는 것처럼. 개울물이 세차게 흘러가도 내가 균형을 잡아 세운 그 돌은 까딱없이 그대로였다. 정말이지 충격적인 경험이었다.

기쁨의 눈물이 뺨을 타고 흘러내렸다.

지금 생각해 보니, 내가 이 우주의 풍요로운 에너지를 체감한 것이 바로 그때였다. 나는 현대 세계에 만연한 산업사회의 환상에 결코 현혹되지 않는다. 우리는 에너지를 4리터당 3달러의 비용으로 이용할 수 있다고 배운다. 커다란 집과 값비싼 차를 소유하는 것이 풍요라고 배운다. 이는 말짱 거짓말이다. 작은 돌 1개가 나로 하여금 그 환상을 꿰뚫어 볼 수 있게 해주었다.

수많은 파도를 일으키는 에너지를 생각해 보라. 지구를 46억 년 동안 쭉 공전시켜 온 에너지. 태양을 타오르게 하는 에너지. 풍요로운 에너지가 우리를 에워싸고 있다. 우리가 이 풍요에 자신을 활짝 연다면 한 번의 호흡으로 그것을 체감할 수 있다.

나의 첫 스톤밸런싱은 한계는 없다는 것, 우리 스스로 정해놓은 한계만 있을 뿐이라는 사실을 내게 가르쳤다. 실패란 우리가 자신의 상상을 실제로 얼마나 믿는지를 알아보기 위한 시험이라는 것 또한 가르쳐 주었다.

나는 매일 그 개울로 가서 돌쌓기를 더 많이 해보았다. 개울가를 산책하던 사람들이 잠깐 걸음을 멈추고 흐르는 개울물 위에서 마법처럼 균형을 잡고 서 있는 수십 개의 돌탑을 카메라에 담곤 했다.

처음에는 그런 관심이 좋았지만 얼마 지나자 이 새로운 팬들과 단절된 느낌이 들기 시작했다. 나는 여기 개울물 속에서 엄청난 영적 체험을 하고 있는 반면, 그들은 다가와서 셔터를 누르고는 이내 떠나버렸다. 나 자신이 동물원의 원숭이가 된 것 같았다.

나는 다음 단계로 나아갔다. 흥미를 보이는 이 구경꾼들을 물가로 좀 더 가까이 끌어와서 이 예술 행위를 직접 시도해 볼 수 있도록 가르치기 시작한 것이다. 나는 내가 혼자 배우고 익혀서 45분 이상 걸렸던 것, 최대한 어려운 형태로 돌 1개의 균형을 잡는 법을 요약해서 누구에게나 금방 가르칠 수 있었다.

내게 배운 모든 사람이 예외 없이 1분여 만에 균형점을 찾아낼 수 있었다. 그들의 눈에서 반짝 불꽃이 이는 것을 나는 보았다. 그 후로 지금까지 나는 그 특별한 불꽃을 수없이 목격했다. 폭발하는 별의 에너지를 생각해 보라. 그 불꽃은 그것과 많이 비슷하다. 다섯 살배기의 눈에서 일었던 불꽃이 아흔다섯 노인의 눈에서도 똑같이 일었다. 나는 이 작업에 인생을 바쳐야 한다는 것을 알았다.

이 책 속을 여행하는 동안 당신도 그 불꽃을 느끼는 순간이 있을 것이다. 그럴 때는 심호흡을 한 번 하고 미소를 지어라.

우리는 함께 세상을 바꿀 수 있다—한 번에 돌 1개씩.

1장

호흡

호흡의 힘

오늘 하루 당신이 호흡하는 것을 몇 번이나 느꼈는가? 당신은 하루 종일 숨을 쉬었겠지만 실제로 속도를 늦추고 그 들숨과 날숨을 느낀 적이 있는가?

호흡에 주의를 돌리는 것은 스트레스 상황에서 한결 여유롭게 반응하도록 도와주고 즐거운 경험을 훨씬 더 즐겁게 해준다. 또한 호흡에 집중하는 것은 스톤밸런싱의 핵심 원칙 중 하나이기도 하다.

차가 막혀 꼼짝 못 할 때나 사랑하는 사람들과 맛있는 음식을 먹을 때나 돌의 균형을 잡고 있을 때나, 잠깐 멈춰보자. 그리고 호흡을 알아차려라. 빨래를 개고 있는가? 호흡을 알아차려라. 책상 앞에서 일하거나 공부하는가? 호흡을 알아차려라. 누군가가 당신의 단점을 들추며 불평하는가? 호흡을 알아차려라. 그 순간도 지나갈 것이다.

인생에서 그렇듯이 스톤밸런싱을 시도할 때도 모든 좌절은, 모든 실패는 무엇이 문제인지에 대한 가르침을 준다. 우리는 실패를 딛고 일어나 인생에서 가장 큰 승리를 거둘 수 있다. 하지만 그것은 자신의 호흡을 꾸준히 알아차릴 때만 가능하다.

연습 》 호흡 알아차리기

이 연습은 호흡에 주의를 돌리는 방법을 알려준다. 당신이 스톤밸런싱의 세계를 탐구하기 시작하면 종종 호흡을 잊을 것이기 때문에 이 연습은 매우 유용하다.

당신은 굉장한 작품을 완성하겠다는 목표에 집착하거나 드디어 마지막 돌을 꼭대기에 딱 들어맞게 놓으려고 애쓴다. 하지만 그 돌은 균형을 잡지 못하고 당신과 계속 싸울 것이다. 이는 당신이 당신 자신과 싸우고 있다는 신호다. 이런 도전적인 순간에는 속도를 늦추고 자신의 들숨과 날숨에 주의를 기울여라. 그러면 당신의 내면에 존재하는 균형이 드러난다.

- 바로 지금, 심호흡을 한 번 하라. 숨을 들이쉬고…… 내쉬어라……. 당신이 이 순간에 존재하고 있음을 느껴보라.

- 판단이나 걱정, 잡념은 모두 치워버려라. 당신을 둘러싸고 있는 이 순간을 그냥 경험하라. 어떤 소리가 들리는가? 어떤 색깔이, 어떤 모양이 보이는가?

- 가만히 앉아서 지금 이 순간을 고스란히 흡수하라. 생각이 떠오르기 시작하면 주의를 돌려서 들숨과 날숨에 초점을 맞추어라.

- 숨을 들이쉬고…… 내쉰다……. 이 순간에 존재하는 당신 자신을 느껴보라.

- 순간순간 어떤 느낌이 드는가? 들숨과 날숨에 초점을 맞출 때 당신의 몸은 무엇을 느끼는가? 감각 외에 다른 경험은 없는가? 집중을 지속하기가 어려운가?

처음에는 한 번에 1, 2분 정도 연습하고, 차차 시간을 늘려나간다. 명상이라고 해서 아침마다 조용한 방에서 20분 동안 해야 하는 것은 아니다(물론 그렇게 하루를 시작하면 아주 좋기는 하다). 활동하는 중에도 호흡을 알아차리려고 노력하라. 즐겁게 놀고 있을 때 당신의 숨결이 어떻게 변하는지에 귀를 기울여라. 그리고 그 순간의 순수한 기쁨 속으로 숨을 불어넣어라.

과거와 미래 사이의 촉매는
바로 지금 일어나고 있는 일이다.

현존 ▷

황금 열쇠

당신은 세상에서 가장 큰 선물을 받았다. 진심으로 축하한다.

재미있는 것은, 당신이 그 선물을 진즉에 받았다는 사실이다. 나는 그 사실을 일깨워 주는 것뿐이다. 돈 한 푼 없을 때도 당신은 그것을 갖고 있다. 지구상의 모든 인간이 이 선물을 받았고, 결국에는 전부 소진할 것이다.

그렇다, 나는 인간으로 태어난 것, 인생이라는 선물을 말하고 있다. 저 어두운 우주 공간에서 당신의 심장박동이 생겨났고 그 박동에서 숨결이 생겨났고 의식이 생겨났다. 그리고 식물의 싹이 트고 잎이 벌어지듯, 생각하고 느끼고 창조하는 능력이 펼쳐졌다.

우리는 인간이므로 부싯돌로 불을 피울 수 있다. 한 무더기의 돌을 가지고 도저히 가능할 것 같지 않은 형태로 균형을 맞춰 쌓을 수 있다. 우리는 전 세계에 긍정적인 영향을 미치는 첨단 기술을 개발할 수 있다. 수백만 명을 살상하는 폭탄을 설계할 수도 있다. 마음은 강력한 도구다. 그러므로 마음을 긍정적인 방향으로 사용하는 것이 중요하다.

당신이 행운아라는 사실을 확인했으니 이제 곧 상황이 훨씬 좋아질 것이다. 당신은 모든 것이 가능한 시대에 태어났다. 인터넷의 발명으로 당신은 전 세계와 연결될 수 있다. 꿈이 있는 사람은 그 꿈을 좇을 기회를 얻을 것이고, 언젠가는 세상을 바꿀 수도 있다.

"스톤밸런싱은
당신의 관점을 완전히 바꾸고
깊은 평온감과 안정감을
느끼게 해줄 겁니다."

MATT

우리는 모두 운 좋게 인간으로 태어났지만, 어떤 사람들은 자기 인생을 축복이라고 생각하는 반면, 어떤 사람들은 저주라고 생각한다. 나는 긍정적인 에너지로 충만해서 보자마자 나까지 즐거워지는 사람을 만나기도 했고, 깊은 고통에서 헤어나지 못하는 사람도 만났다.

당신이 인생을 축복으로 여긴다면 이제 그것을 증명할 때가 되었다. 안락하고 행복하게 사는 일은 중요하다. 하지만 우리가 받은 이 선물은 정말로 크나큰 기회이기 때문에 그저 푹신한 소파에 파묻혀 TV만 보며 세월을 보내기는 아깝다. 당신은 이 엄청난 기회를 얼마나 활용하고 있는가? 당신의 가장 큰 꿈을 떠올려 보라. 지금 그 꿈을 추구하고 있는가? 더 이상은 미루지 말라. 이제는 앞으로 나아가야 한다.

당신은 자기 인생을 저주라고 생각하는가? 그렇다면 한번 생각해 보라. 당신이 인간으로 태어나서 지금 이 세상에 존재하는 이유가 무엇일까? 당신의 영혼을 고통에서 구하기 위해 지금의 삶에서 무엇을 바로잡아야 할까? 날마다 일정 시간을 내서 내 안의 고통을 내보내고 내면의 부정적인 에너지를 정화하라. 그렇게 하지 않으면 당신은 세상에서 가장 큰 선물을 제 손으로 내다 버렸음을 깨닫게 될 것이다.

인생은 진정 선물이다. 풍요의 문을 여는 황금 열쇠다. 우리가 아무리 지난날을 그리워하고 장밋빛 내일을 상상해도 행복은 과거나 미래에 존재하지 않는다. 행복은 지금 여기에 있다. 우리는 이 순간만을 살기 때문이다. 이 황금 열쇠로 무엇을 할지 결정하는 사람은 바로 당신이다. 들숨과 날숨에 초점을 맞추어라. 호흡은 당신이 이제 어디로 갈지를 결정하게 도와준다.

더 큰 에너지

호흡은 우리를 더 큰 에너지와 연결한다. 숨을 들이쉴 때 그 큰 에너지가 폐 속으로 들어와서 당신을 빛과 생명으로 채우는 것을 느껴보라. 숨을 내쉴 때는 그 에너지가 당신의 몸에서 빠져나가는 순간을 알아차려라. 그 날숨은 이제 당신에게 불필요한 물질이다. 그러니 그것을 세상에 돌려보내서 자연스럽게 순환하도록 하라.

숨을 들이쉬고 내쉬는 신체적 행위에 대해서는 생각하지 말자. 공기가 자연스러운 속도로 당신의 폐 속으로 들어오고 나가는 것을 그냥 느껴보라. 28~29쪽에서 소개한 '호흡 알아차리기' 연습을 해보라. 천천히 주의를 돌려서 호흡에 초점을 맞춰라. 그러면 가장 미세한 들숨과 날숨까지도 완벽하게 알아차리게 된다.

별안간 내리치는 번개처럼, 호흡은 우리가 명료하게 깨어서 현재에, 이 순간에 존재할 수 있게 해준다. 항상 호흡을 알아차림으로써 매 순간 현재에 존재하는 것이 이상적이긴 하다. 하지만 우선은 단 한 번의 호흡을 명확하게 알아차리고 단 한 순간 동안 명료하게 깨어 있어야 한다. 그런 뒤에 다음번 호흡을 알아차리고 또 다음번 호흡을 알아차리다 보면 꽤 긴 시간 동안 사신의 호흡과 계속 연결될 수 있다.

스톤밸런싱을 시도할 때는 돌을 쌓는 내내 계속 주의를 돌려서 호흡을 알아차려야 한다. 이는 당신이 현재에 초점을 맞추고 평온을 발견하고 주변 세상과 하나가 되도록 도와준다. 현재에 존재한다는 것은 우주 만물을 하나로 아우르는 더 큰 에너지와 연결된다는 뜻이다.

모든 것을,
그것이 이 순간에 존재하는
그대로 수용하라.

수용 ▷

창조와 치유

성공적인 스톤밸런싱의 비결은 호흡에 주의를 돌리는 일을 기억하는 것이다. 돌을 쌓기 전과 쌓는 동안과 쌓은 후, 모두 마찬가지다.

내가 만든 몇몇 작품들은 몇 시간에 걸친 악전고투 끝에 모든 돌이 제자리에 딱 들어맞는 마지막 순간을 맞이한다. 내가 손을 뗀 후에도 그것은 여전히 완벽한 균형 속에 서 있고, 나는 순수한 희열에 휩싸여 심호흡을 한 번 하며 그 순간에 오롯이 존재한다.

때로는 기쁨에 겨워 내가 쌓은 돌을 사진으로 남기려고 뒤로 물러나 셔터 버튼을 누르려는 찰나, 바람이 불어와서 그 섬세한 균형을 무너뜨리기도 한다. 애써 만든 작품이 순식간에 무너질 때 나도 모르게 흠칫 숨을 멈춘다. 하지만 바닥에 흩어진 돌들을 보며 나는 다시 기운을 내고 심호흡을 한 번 한 뒤 평온하게 다음 순간으로 나아간다.

노력이 헛수고가 되면 크게 절망하는 사람들이 있다. 하지만 나에게 헛된 노력이란 없다. 무너지기 전에 잠깐 균형을 잡고 서 있던 스톤밸런스는 나의 상상이 실현 가능한 것이었음을 입증하기 때문이다. 호흡을 자각하는 일을 기억함으로써 나는 현재의 에너지와 연결될 수 있었다. 처음부터 끝까지 완벽한 자각을 유지하지는 못했지만, 나는 자각을 최대한 활용했다.

균형이 무너지는 순간들은 내게 더욱 튼튼하게 돌을 쌓는 방법을 가르쳐 준다. 이제 나는 매우 견고한 스톤밸런스를 자주 완성한다. 그것은 내가 이제 그만 돌들을 원래 자리로 돌려놓고 떠나야겠다고 생각할 때까지 굳건히 버틴다. 강점은 약점을 토대로 생겨난다.

먼저 1초 동안 지금 이 순간의 에너지와 연결되는 방법을 찾아보라. 그다음에는 2초 동안 시도하고, 다음에는 10초, 다음에는 1분 동안 시도하라. 그렇게 차차 시간을 늘려서 1시간 동안 시도해 보라.

우리가 매 순간 현재에 존재하면서 그 에너지와 항상 연결되는 것은 어려운 일이 겠지만, 호흡을 자각하는 이 방법은 우리를 치유해 주며 또 언제 어디서나 활용할 수 있다.

고마움

가장 경이롭고 튼튼한 스톤밸런스를 완성하기 위해서는 먼저 환경을 존중하는 일이 중요하다. 모든 사람이 날마다 고마움을 더 많이 표현한다면 이 세상의 긍정 에너지가 상승하고 함께 엄청난 일을 해낼 수 있을 것이다.

42~44쪽의 연습을 이용해서 고마움을 표현해 보라. 이 연습에서는 맨 먼저 당신 주위에 있는 돌들에게 고마워한 다음, 그 마음을 전 지구로 차츰 확장하고, 끝으로 자기 자신에게 고마움을 표현한다. 나는 이 명상 연습을 마친 학생들에게 그 일이 어땠는지를 묻는다. 대부분의 사람들이 스스로에게 고마워하는 것을 영 어색해하거나 세상에 고마워하지 못한다. 자신에게도, 세상에게도 쉽게 고마워할 줄 아는 사람은 흔치 않다.

자신의 진정한 자아를 발견할 때
우리는 자유로워진다.

순수 ▷

내 경험으로 볼 때, 자기 자신에게 고마워하는 것을 불편해하는 사람들은 대체로 스스로를 지나치게 혹사하고 자기 행복보다 타인의 행복을 우선하는 경향이 있다. 당신이 그런 사람이라면 적어도 한 번은 당신 자신을 위해 의식적으로 호흡하라. 세상 사람이 전부 당신을 부려먹으려 드는 것 같은 고단한 날에도 자신을 위한 호흡을 기억하라.

반면 세상을 향해 고마운 마음을 표현하지 못하는 사람들은 자기 자신의 행복에만 집착하는 경향이 있다. 그들은 자신이 행복한 뒤에야 비로소 타인의 행복에 관심을 가질 수 있다고 생각한다. 당신이 그런 경우라면, 당신의 폐를 채운 공기조차 감사를 받을 자격이 충분하고 대다수의 사람들이 당신보다 훨씬 가혹한 환경에서 살고 있음을 기억하라. 고통을 겪는 이들의 행복을 기원하고 세상에 감사하라. 그러면 우주가 당신에게 보상할 것이다.

연습 》 마음을 열고 감사하기

지금 이 간단한 명상을 통해 환경을 존중하고 세상을 향해 고마움을 표현해 보자. 워크숍을 할 때마다 나는 학생들과 함께 내가 좋아하는 이 명상을 행한 후에 첫 번째 돌을 집어 든다.

- 심호흡을 하라. 그리고 당신이 지금 앉아 있거나 서 있다는 사실을 온전히 자각하라. 휴대전화나 노트북 등 주의를 분산시키는 가전제품의 전원을 끄고 당신의 마음속 공간에 초점을 맞추어라. 안전한 곳에 있다면 눈을 감는 것이 좋다.

- 먼저 가장 가까이에 있는 돌에게 고마움을 표현하는 것으로 시작하자. 그 돌은 당신이 깔고 앉은 바위일 수도 있고, 당신이 거주하는 건물 저 밑의 돌덩이일 수도 있고, 뒤뜰의 예쁜 자갈일 수도 있다. 돌의 크기나 모양, 색깔은 중요하지 않다. 그 돌을 향해 속으로 감사하고

적당하다고 생각되는 단어로 그 마음을 표현하라. 나는 보통 이렇게 말한다. "안녕, 돌멩이야. 네가 편안하기를, 행복하기를."

- 이제 숨을 쉴 때마다 당신 주위의 다른 돌들에게 고마움을 표현하라. 한 번 호흡하고 다른 돌에게 감사하고, 또 한 번 호흡하고 또 다른 돌에게 감사하라. 태양이 드넓은 공간 속으로 햇빛을 쏟아내듯이, 호흡할 때마다 감사하는 마음을 쏟아내라. 서두르지 말고 천천히, 그러나 분명하게 표현하며 계속 내보내라.

- 당신이 거주하는 도시의 돌들을 전부 느낄 수 있는 지점에 이르면 숨을 한 번 쉬면서 도시 전역에 고마워하라. 그 공간에 있는 돌들을 시각화하지 말고 그냥 느껴라.

- 이제 한 걸음 더 나아가자. 한 번 호흡할 때마다 더 많은 돌을 느껴보라. 이웃 도시에 있는 돌들과 두 도시를 이어주는 수많은 돌들을 향해 고마움을 표현하라. "네가 편안하기를, 행복하기를."

- 이제 당신의 주의력을 더욱더 많이, 더욱더 빨리 확장해서 호흡 한 번에 당신이 살고 있는 나라의 모든 돌에게 고마워하는 수준까지 나아가라. 이 돌들은 당신의 나라가 존재할 수 있게 해주는 주춧돌이다.

- 계속 더 멀리 가보자. 한 번 호흡할 때마다 이웃 나라의 모든 돌에게 감사하라. 고마워하는 마음을 멀리멀리 내보내서 당신 대륙의 모든 돌이 지금 그 마음을 느낄 수 있도록 하라. 이 수준까지 해냈다면 정말 훌륭하다. 걱정하지 마라. 지금 제대로 하고 있다.

- 이제 거의 다 왔다. 한 번 호흡할 때마다 다른 대륙으로 가라. 그리고 호흡 한 번에 이 세상의 모든 돌에게 감사를 보내는 수준까지 나아가라. 지구는 하나의 큰 돌덩이에 불과하다. 그러니 지구에게도 사랑을 보내자. 여기서는 잠시 머물러서 3회에서 15회 정도 호흡하며 고마움을 표현하자. 움직이지 않고 지극히 고요하게 머물 수 있다면 지구가 자전하는 것을 느낄 수 있다.

- 이제 지구의 지표면을 뚫고 단번에 중심핵까지 깊이 들어가자. 우리 행성의 중심, 우리 세

계의 심장의 열기가 느껴지는가?

- 두세 번 더 호흡한 후, 지구의 중심핵에서 주의를 거둬라. 그리고 이 커다란 돌덩이 위에서 살아가는 다양한 모든 생물종에게 초점을 맞추어라. 그 모든 생물종의 행위에 동조할 필요는 없지만, 적어도 그들의 행복을 기원하고 고마워하는 마음은 보내라. "모두 편안하기를, 행복하기를."

- 끝으로, 지구 전체를 느껴보라. 그리고 주의를 거두어 마치 레이저빔이 내리꽂히듯이 당신의 정수리에 집중시켜라. 차츰차츰 주의를 돌려서 호흡에 집중하라. 당신이 이 순간에 존재하고 있음을 다시 알아차려라. 이 순간의 에너지를 느껴라. 당신이 온 세상에 보낸 감사의 마음을 당신 자신에게도 똑같이 쏟아내라. "나 자신이 편안하기를, 행복하기를." 우리는 저마다 인생을 경험할 기회를 얻었다. 이것은 참으로 고마워해야 할 특별한 선물이다.

나만의 만트라

고마움을 표현하는 명상을 하다 보면 어느 순간 몸과 마음이 이완되는 느낌이 든다. 당신은 자신이 살아 숨 쉬고 있음에 지구에게 고마워했고, 지금 이 순간을 삶에 대한 사랑으로 가득 채웠다.

명료하게 깨어 있는 이런 상태에서 나는 학생들에게 이 경험을 한 단어로 표현해 보라고 말한다. 사람마다 고르는 단어가 항상 다르다. 나는 그 단어가 그 사람만의 특별한 명상 만트라라고 생각한다. 원한다면 그것을 애칭 같은 것으로 삼아도 좋다. 나는 그것이 평화를 뜻하는 자신의 영혼의 단어라고 믿는다. 우리는 여생 동안 그 단어를 추구하면서 살아갈 것이다.

나만의 만트라는 '드롭drop'이다. 해변에서 몇 명의 학생과 함께 명상하는 도중에 그 단어가 그냥 내 앞에 불쑥 나타났다. 나는 '드롭'이 정확히 어디에서 온 것인지 곰곰이 생각해 보았다. 그리고 그때까지 까맣게 모르고 있던 나에 대한 몇 가지 사실을 문득 깨달았다. 다음 순간으로 나아가기 위해 매 순간 나를 내려놓아야 한다는 것을 나는 안다. 또한 나는 다른 사람들의 행복을 바라기 때문에, 그들의 고통을 덜어주려고 기꺼이 그들의 감정 속으로 떨어진다. 하지만 내 마음을 채운 그들의 부정적 에너지를 덜어내기 위해 가끔은 대화에서 떨어져 나와야 한다는 것도 안다. 내게는 '드롭'이 놀라우리만치 효과적인 만트라이다. 당신의 특별한 단어도 당신에게 효과적이기를 바란다.

당신만의 만트라를 알아내라. 먼저 28~29쪽의 '호흡 알아차리기' 명상 연습을 1, 2분 정도 실행해 보라. 차차 시간을 늘려서 3분, 10분, 이어 20분간 지속하라. 이 명상을 5분 동안 하든지 1시간 동안 하든지, 당신은 내면이 탁 트이는 느낌과 더불어 무한한 공간을 경험하게 될 것이다. 그 공간을 충분히 경험했다고 느끼면 이 경험을 한 단어로 요약해서 표현해 보라.

당신만의 단어는 무엇인가? 그 단어를 종이에 적어서 잘 간수하라.

곧 알게 되겠지만, 이 단어는 갖고 다니기가 쉽다. 언제 어디를 가든지 항상 당신과 함께한다. 그리고 그 단어가 호흡의 힘과 합쳐질 때는 두려움을 물리치는 강력한 무기가 될 수 있다. 고통스러운 순간에 당신만의 만트라를 기억하라. 평화로운 순간에 당신만의 만트라를 기억하라. 만사가 뒤죽박죽일 때 당신만의 만트라를 기억하라. 그러면 혼돈 속에서도 즉시 명료하게 깨어서 존재하게 될 것이다.

당신은 이 만트라의 잠재력을 최대한 경험하는 것을 평생의 목표로 삼을지도 모른다. 지금 이 단어를 잘 간직하라. 우리가 다음번에 갈 장소에서 이 만트라를 기억해 내야 하기 때문이다.

첫 번째 돌

호흡의 힘은 당신을 이 순간과 연결해 준다. 호흡을 알아차리고 현재에 온전히 존재하라. 이제 당신은 첫 번째 돌을 고르고 스톤밸런싱을 시작할 준비가 되었다. 이것저것 생각하지 말고 그냥 돌을 1개 집어 들고 손으로 무게를 느껴보라. 이 첫 번째 돌을 보면서 당신만의 만트라를 반복하라.

돌의 모양과 색깔과 무늬를 살펴보라. 손에 닿는 느낌과 표면의 질감은 어떠한가? 만져보니 따뜻한가, 아니면 차가운가?

이 첫 번째 돌과 연결될 때 당신은 이것을 감사의 방패로 삼아 두려움과 맞설 수 있다. 호흡에 초점을 맞추는 일을 기억하라. 호흡을 자각하는 것 역시 어느 순간에나 안정감을 가져다준다. 천천히 호흡하면서 이 새 친구에게 인사하라.

이 순간은 촉매이다.

명상 메모

- 인생은 선물이다. 호흡할 때마다 그 선물을 감사히 받아라.

- 호흡을 알아차림으로써 명료하게 깨어 현재에 존재하라.

- 명상하는 동안 어떤 느낌이 드는지를 기억하라.
  그 느낌을 한 단어로 표현하라. 평화로울 때나 혼란할 때나 이 단어를 당신만의 만트라로 삼아라.

2장

기회

물이 얼마나 깊을까?

스톤밸런싱을 한 번도 해본 적이 없는 사람들은 일단 시작해 보라는 내 말에 종종 두려워하는 기색으로 머뭇거린다. 사실 두려움은 새로운 것을 경험할 때 흔히 일어나는 감정이다. 해결책은 두려움을 뛰어넘는 법과 자유로워지는 법을 배우는 것이다. 기회는 풍요로 이어진다. 그러나 먼저 두려움을 뚫고 나아가야 한다. 대부분의 경우 두려움 속으로 뛰어들 때에야 그것을 이겨내고 자유로워지지만, 우리는 두려움이 우리 마음속에 지어놓은 가상의 감옥에 종종 갇히고 만다.

새로운 경험을 줄곧 회피하려고만 하는 사람들이 많다. 단 10초만 시도해 봐도 그것이 처음 생각과 달리 별로 두렵지 않다는 사실을 깨닫게 될 텐데도 그렇다. 그 10초의 시도로 평생 겪어야 할 고통을 면하게 될 수도 있다. 우리가 두려움에서 완전히 벗어나기는 불가능할지도 모른다. 하지만 두려움은 환상이다. 우리가 두려움 그 너머를 볼 수 있을 때 상당히 중요한 변화가 일어난다. 두려움을 빨리 떨쳐내는 방법을 배워보자. 그러면 우리 내면의 무한한 잠재력이 풀려난다.

두려움과 직면하는 것은 깊이를 알 수 없는 시커먼 웅덩이 앞에 서 있는 것과 제법 비슷하다. 웅덩이의 깊이는 1센티미터일 수도 있고, 1킬로미터일 수도 있다. 아무도 모른다. 알아내는 법은 하나뿐이다. 직접 들어가서 경험하는 것.

두려움을 직시하고 그 너머로 나아가려면 검은 물속으로 기꺼이 뛰어들어야 한다. 스톤밸런싱을 해오면서 나는 내가 두려워한 것들이 대부분 내 마음이 지어낸 환상이었음을 알게 되었다.

두려움과 빨리 맞서라

돌을 하나 세우는 것은 두려움을 떨쳐내고 기회를 하나 잡는 것을 상징한다. 나에게 스톤밸런싱은 내가 손을 뻗으면 잡을 수 있는 긍정적인 가능성을 의미한다. 스톤밸런싱을 시도할 때마다 나는 첫걸음을 뗄 용기를 내야 하고 잠재력을 최대한 끌어내야 한다. 이 모든 것을 나 혼자 해내야 한다. 아무도 나를 대신하지 못한다.

내가 두려움을 이겨내는 비결은 가능한 한 빨리 두려움과 정면으로 맞서는 것이다. 두려움을 바라보는 시간이 길어질수록 그 환상은 더욱 강해진다. 몇 시간 동안 공들여 쌓은 돌이 무너지면 나는 최대한 빨리 움직여서 돌을 집어 들고 다시 시도한다. 털썩 주저앉아 절망하고 한탄하다 보면 나중에는 내가 제대로 해내지 못하는 것들만 끝없이 생각난다. 행동은 무기력을 몰아낸다.

나와 함께 실패해 보는 건 어떨까?

혼자서 함께

인간에게는 부족을 이루어 사는 성향이 있기 때문에 뭐든 혼자서 하는 것을 불편해 하는 사람들이 있다. 하지만 혼자일 때 우리는 내면의 소리에 귀를 기울이고 자신에게 전혀 도움이 되지 않는 부정적인 생각들을 내려놓을 수 있다. 부정적으로 사고하는 사람은 돌을 쌓기가 훨씬 어렵다.

해결책은 '혼자서 함께' 있는 것이다.

당신이 시스템을 통제하는가,

시스템이 당신을 통제하는가?

◁ 시스템

연습 》 혼자서 함께

'혼자서 함께'라는 말을 탐구해 보자.

- 잠깐 혼자가 되어라. 그냥 가만히 앉아 있어보자. 지난 일이나 앞으로의 계획과 연관된 생각들은 접어두자. 눈을 뜨거나 감은 채 조용히 앉아서 주위 환경에 초점을 맞춰라. 무엇이 보이는가? 무슨 소리가 들리는가? 무슨 냄새가 나는가? 무슨 맛이 느껴지는가? 두세 번 심호흡을 하라. 당신이 이 순간에 존재하고 있음을 느껴보라.

- 모든 사람이 자기만의 개성을 갖고 있다. 하지만 그런 차이에도 불구하고 우리는 하나다. 이것에 대해 깊이 생각해 보라. 당신과 나는 하나이고, 우주 만물은 서로 연결되어 있다. 우리는 모두 하나로 이어져 있다. 우리는 같은 지구를 공유하고 같은 공기를 호흡하고 같은 해와 달을 보기 때문이다.

- 당신은 지금 혼자가 아니다. 당신이 읽고 있는 이 책의 단어와 문장을 통해 나의 기운과 응원이 당신과 함께한다. 어느 누구도 진정으로 혼자였던 적은 없다. 혼자 있다는 말은 연결되어 있다는 뜻이다.

두려움을 이겨내고
계속 나아가라

다음 연습은 당신이 두려움을 이겨내고 꿈을 이루는 것이 일회성 이벤트가 아니라는 사실을 알려준다. 당신이 우연히 뭔가를 하자마자 마치 마법처럼 인생이 호화찬란하게 바뀌는 일은 일어나지 않는다. 의심으로 똘똘 뭉친 사람이 우연히 길가의 식료품점에 들러서 잘 익은 복숭아를 집어 드는 순간 번쩍 깨달음을 얻는 일도 없다. 기회라는 것은 그렇게 작동하지 않는다.

나는 바닷가에서 수평선을 바라볼 때 돌의 균형을 맞추는 법과 내면의 무한한 잠재력을 발견하는 법을 배운다. 내가 내리는 결정은 모두 내 꿈으로, 세상 사람들에게 스톤밸런싱을 가르치는 꿈으로 귀결된다. 나는 수천 개의 파도를 겪었고, 그 결과 이 책을 출간하는 단계에 이르렀다. 내가 마지막 숨을 내쉴 때까지 또 수많은 파도를 만날 것이다.

풍요의 문을 여는 데는 일생에 걸친 성장과 변화의 과정이 필요하다. 당신은 기꺼이 두려움과 정면으로 맞서고 앞으로 나아가 첫 번째 파도를 직접 겪어야 한다. 그리고 두 번째 파도, 세 번째 파도 역시 겪어야 한다. 끝없이.

이 세계는 풍요로운 우주 속
한 알의 모래이다.
당신과 나는
별의 먼지로 만들어졌다.

별먼지 ▷

연습 》바다의 끝

당신과 내가 바닷가에 서 있는 모습을 상상해 보자. 우리는 똑같은 바다를 보고 있지만, 각자의 눈에 비친 바다는 완전히 다르다. 그 이유는 이전의 경험들이 우리가 이 순간을 경험하는 방식에 영향을 미치기 때문이다. 우리는 필터처럼 행동한다. 그래서 자신의 진정한 잠재력을 번번이 걸러내기도 한다.

개인의 지난 경험들이 그 사람이 갖고 있는 두려움을 형성했겠지만, 우리는 얼마든지 미래를 건설하고 꿈을 이룰 수 있다. 과거의 고통은 우리가 저 바다 끝에 존재하는 것을 경험하지 못하게 한다.

이 연습은 당신으로 하여금 시선을 돌려서 두려움 저편에 있는 당신의 꿈을 보도록 도와준다.

- 편안하게 앉아라. 몇 분 동안 방해받지 않을 곳이어야 한다. 호흡에 주의를 돌려라. 호흡을 알아차리면서 정면을 보라. 그리고 가능한 한 가장 미세한 것을 찾아 눈여겨보아라. 이제 눈을 감아라.

- 당신이 바닷가에 서 있는 모습을 상상하라. 바다가 보이고, 당신의 발끝으로 밀려와 부서지는 파도와 수많은 미세한 물거품이 보인다. 파도는 하나같이 비슷비슷하지만 부서지는 모양은 제각각이다. 저 멀리서 밀려온 파도가 당신의 발끝에 닿을 듯 말 듯 인사한 뒤 바다로 돌아간다.

- 발끝에서부터 천천히 시선을 들어라. 파도가 또 밀려와 당신의 발끝에서 부서지고 수천 개의 파도가 뒤따르는 것이 보인다. 계속 시선을 들어라. 바다의 끝이 보이고, 곧게 뻗은 수평선이 보인다.

- 바로 이쯤에서 호흡을 알아차리는 일을 떠올려야 한다. 당신의 만트라가 기억나는가? 만트라는 당신이 저 바다 끝에 이르게 도와줄 것이다. 바다 끝은 당신의 가장 큰 꿈을 나타낸다. 그리고 바다 끝을 향해 떠나는 것은 당신의 가슴속 깊은 곳에 살아 있는 꿈을 향해 나아가는 것을 의미한다.

- 당신의 꿈이 무엇인지 잘 모르겠는가? 그것을 알아내게 도와주는 간단한 질문이 있다. 당신의 인생에서 뭔가가 눈에 띄게 달라질 수 있다면 무엇이 달라지기를 원하는가? 어떤 변화를 경험하고 싶은가? 잠시 시간을 갖고 진지하게 이 질문의 답을 찾아보라. 아직도 모르겠는가? 어릴 적에 당신이 즐겁게 했던 일을 기억해 보라. 만들기를 좋아했는가? 사람들과 이야기하는 것? 기계를 분해해서 작동 방식을 알아내는 일이 재미있었는가? 당신의 가슴은 당신에게 무엇을 해보라고 말하는가? 가슴의 목소리에 귀를 기울여라. 다른 사람들이 당신에게 하라고 지시하는 것은 전혀 중요하지 않다.

- 저 바다 끝은 지금 당신을 기다리고 있다. 당신의 바다 끝, 가장 큰 꿈이 무엇인지를 알아냈다면 이제 다시 시선을 낮춰라. 잇달아 밀려오는 파도가 보인다. 계속 시선을 낮추어라. 파도 하나가 당신의 발끝에서 부서지는 것이 보인다.

- 두려움 끝에는 자유가 있다. 이제 바다로 뛰어들어 헤엄칠 때가 되었다.

- 준비가 되면 천천히 눈을 떠라. 그리고 다음에 무슨 일이 일어나든지 기꺼이 받아들여라.

실패는 당신이
자신의 상상을 실제로 얼마나 믿는지를
알아보기 위한 시험이다.

연습 》 작은 것으로 시작하기

1장에서 우리는 호흡을 알아차리고, 돌을 1개 집어서 손으로 무게를 가늠하고, 모양과 색깔을 자세히 살피고 질감을 느껴보았다. 이제 그 돌을 가지고 스톤밸런싱을 시작해 보자. 그 돌 위에 더 큰 돌을 올려놓고 균형을 잡아보라.

이 단계에서는 스톤밸런싱 기법이라든가 어떤 돌을 골라야 하는지에 신경 쓸 필요가 없다. 돌을 고르는 법은 다음 장에서 배울 것이다. 그냥 크기가 다른 돌멩이 2개를 찾아서 작은 돌 위에 큰 돌을 놓아보자. 작은 돌 윗면의 한 지점, 큰 돌이 편안하게 놓일 것 같은 지점에 돌을 올려놓아라. 그리고 균형이 잡혔다고 느껴지면 살짝 손을 떼고 그대로 두어라.

이렇게 쌓은 돌은 한동안 그대로 서 있을 수도 있고 곧바로 무너질 수도 있다. 어떻게 되든 세상이 끝나지는 않는다. 그냥 또 해보아라. 작은 돌 위에 큰 돌이 균형을 잡고 서 있을 때까지, 필요하다면 계속 시도하라. 그리고 앞으로 나아가자.

처음에는 큰 돌이 작은 돌 위에서 균형을 유지하는 것이 불가능해 보인다. 하지만 인내심을 갖고 수많은 작은 실패를 견디다 보면 마침내 완벽하게 균형을 잡는 순간을 맞이할 것이다. 야무지게 서 있는 스톤밸런스를 보는 순간, 그동안 당신이 품었던 의심이 전부 사라지고 가능한 일들에 대한 당신의 관점이 바뀐다.

실패는 배움의 과정

스톤밸런싱을 시도할 때, 두려움은 대개 실패를 부른다. 시작하기도 전에 성공하지 못할 거라는 두려움, 애써 성공하더라도 자신의 부주의로 무너뜨릴지도 모른다는 두려움, 소중한 작품이 바람에 쓰러질 수도 있다는 두려움.

인생과 마찬가지로, 스톤밸런싱에서도 실패는 우리가 자신의 상상을 실제로 얼마나 믿는지를 알아보기 위한 시험이다. 실패는 우리에게 생명을 부여한 영적 존재가 우리를 위해 준비해 놓은 난관이라고 나는 믿는다. 인생은 일종의 게임이다. 그 속에서는 실패를 딛고 일어나 앞으로 나아가는 자만이 보상을 받는다.

돌쌓기를 하는 동안, 돌을 1개씩 새로 올려놓을 때마다 그 스톤밸런스 전체의 무게가 달라진다. 매우 안정적이었던 것이 이제는 금방이라도 무너질 듯 위태롭다. 돌을 1개 추가하기 위해 지금까지 쌓은 돌들을 조금씩 이동시켜야 하거나, 모든 돌이 계속 균형을 유지할 수 있는 지점을 찾아서 그곳에 새 돌을 놓아야 한다.

당신이 극단(한계에 부딪혔다고 생각되는 지점)에 이르렀을 때 돌을 1개 더 쌓아라. 그 돌들의 가장 약한 지점이 어디인지를 알아내라.

돌이 무너졌는가? 몇 번째 층에서 균형이 깨졌는가? 기반 돌이 흔들렸는가? 세 번째와 네 번째 돌이 맞닿은 지점이 어긋났는가? 모기가 귓가에서 웽웽대는 바람에 주의가 흩어져서 당신이 엉겁결에 쓰러뜨렸는가?

무엇이 밸런스의 붕괴를 촉진했는지 그냥 알아차리기만 하면 된다.

모기가 문제였다면 다음번에는 모기가 윙윙대며 방해해도 차분하게 집중을 유지할 수 있을 것이다.

실패를 넘어

나는 아르헨티나 부에노스아이레스의 해변에서 스톤밸런싱을 시도한 적이 있었다. '완벽한' 작품을 창조하기 위한 몇 시간의 치열한 싸움 끝에 나의 단짝 친구인 실패가 찾아왔다. 내 머리 위에서 뭉게구름처럼 한 덩어리로 윙윙대는 모기 떼는 절망한 내 몸이 발산하는 열기에 점점 더 많이 몰려들었다. 해가 지기 시작했다. 이 낯선 도시는 이제 곧 짙은 어둠에 잠길 것이었다.

나는 점퍼의 후드를 뒤집어쓰고 돌을 느껴보려고 애썼다. 내 호흡을 느끼려고, 돌들의 균형을 느끼려고 노력했다. 그렇게 난감한 순간에도 나는 세상을 향해 감사와 사랑을 보냈다.

그날 모기가 내 왼손 검지를 물었을 때 등줄기가 오싹하던 경험을 나는 결코 잊지 못할 것이다. 남미 지역에는 치명적인 바이러스를 전파하는 모기가 살기 때문에 나는 죽을 수도 있었다. 그때 문득 이런 생각이 들었다. '나도 모기처럼 내 아이디어를 세상에 전파할 수 있지 않을까.'

스톤밸런싱은 끈질기게 밀어붙여야 할 때와 멈추고 기다려야 할 때를 배우는 것과 관계있다. 내려놓을 때를 배우는 것도 중요하다. 내려놓기에 대해서는 나중에 설명하겠지만, 부에노스아이레스의 해변에서 실패를 마주한 순간에 내가 어떻게 했어야 하는지를 지금은 그냥 안다. 나는 호흡을 자각하며 가만히 서 있었어야 했다.

그만 돌아서서 떠나야 했다. 우리가 아무리 애를 써도 결코 뜻대로 되지 않는 때가 있기 마련이다.

때로는 무조건 밀고 나아가 무너진 돌들을 도로 집어 들고 더욱 견고하게 다시 쌓아야 한다. 또 때로는 아르헨티나에서의 그날처럼, 단호하게 돌아서서 아예 다른 장소로 가야 한다. 더욱 튼튼하게 돌을 쌓는 문제든, 마음의 상처를 치유하는 문제든, 그것이 사실이다. 실패할 때마다 우리는 무엇이 잘못되었는지를 배운다. 단 한 순간이 촉매가 되어 전체 계획을 바꾸고 무산시킬 수도 있음을 배운다…….

나는 수많은 실패에서 참으로 많은 것을 배웠다. 어떻게 하면 균형이 깨지는지를 간파하면 다음번에는 돌을 안정적으로 놓을 올바른 지점을 더 빨리, 더 쉽게 찾아서 딱 맞게 놓을 수 있다. 쉽게 해낸 것처럼 보이는 작품을 만들려면 사실상 엄청난 시행착오가 필요하다는 말에 모든 예술가가 동의할 것이다. 첫 번째 시도에서는 돌멩이 10개로 균형을 잡는 데 2시간이 걸릴지도 모르지만 수천 시간 실패하고 나면 돌을 10개 쌓기까지 10분이면 충분할 수도 있다.

하지만 스톤밸런싱에서 돌의 개수나 기묘한 각도는 조금도 중요하지 않다. 아무도 해낸 적 없는 독특한 작품을 만드는 것도 중요하지 않다. 중요한 것은 매 순간 평화를 얻고 그 과정에서 성장할 수 있어야 한다는 것이다.

그러면 정말로 놀라운 창조물이 완성된다.

힘은 저항을 견디며
강해진다.

저항 ▷

성장 사이클

사실상 역경과 실패는 배움과 성장으로 이어진다.

역경에 처하고 실패할 때 우리는 문제가 된 것들에 주의를 집중하고 에너지를 쏟는다. 그 결과, 약점을 보강하거나 아니면 정신적으로 완전히 무너져서 시도마저 포기한다. 이럴 때는 두려움과 맞서고 그 환상 속으로 뛰어들어야 한다.

새로운 것을 발견하는 길에는 항상 위험이 도사리고 있다. 위험과 거기서 비롯된 두려움은 배우고 성장하는 과정의 일부다. 위험과 두려움을 기꺼이 받아들여라. 돌을 쌓을 때 두려움 대신 사랑으로 창조하려고 노력하라. 자기 자신에 대한 기대나 당신에 대한 타인의 기대를 내려놓아라. 창조 과정을 끝까지 완수하고 결과를 받아들여라.

기회 요점

- 두려움은 환상이다. 그 환상 속으로 뛰어들 때만 그것을 깨뜨릴 수 있다.

- 실패는 종착지가 아니다. 시행착오는 배우고 성장하는 과정의 일부이며, 실패는 다시 시작할 기회를 뜻한다.

- 많이 실패할수록 실패하지 않는 법을 더 많이 배울 수 있고, 마침내 더 크게 성공할 것이다.

3장

믿음

긍정성

마음은 우리의 경험에 영향을 미친다. 긍정적인 경험이든 부정적인 경험이든 마찬가지다. 나의 최고의 스톤밸런스들은 내 마음이 긍정적인 에너지와 자기 신뢰로 충만했을 때 완성되었다. 나는 누구의 도움도 받지 않았다. 그렇게 감동적인 순간을 만들어 낸 것은 나 자신을 굳게 믿고 돌을 집어 든 나의 두 손이었다.

돌쌓기를 할 때마다 우리는 자기 자신과 마주한다. 돌들은 그 순간에 우리가 지닌 에너지를 거울처럼 보여준다. 우리가 현재 이루려고 애쓰는 목표를 상징하기도 한다. 당신이 무엇을 믿는지, 그리고 어디까지 갈 수 있는지가 스톤밸런싱 과정에서 고스란히 드러난다.

내가 흔들리면 돌도 흔들린다는 것을 나는 안다. 몇 시간 동안 실패를 거듭하는 것은 내가 명료한 자각과 평화를 얻기 위해 안간힘을 쓰고 있다는 뜻이다. 모든 돌이 제자리에 딱 들어맞아서 스톤밸런스가 똑바로 서는 것은 나의 내면이 명료하게 깨어 있고 내가 나의 환경 속에서 평화를 발견했음을 뜻한다. 스톤밸런스가 바람에도 끄떡없는 것은 그 순간 나의 강인함을 나타낸다.

돌을 집어 들기 전부터 당신은 스스로를 굳게 믿어야 한다.

너무 많이 생각하지 말라

현대사회에는 선택권이 풍부하다. 선택할 게 너무 많을 때 우리는 어떻게 그중에서 하나를 고를까? 수많은 돌이 깔려 있는 해변에서 스톤밸런싱에 쓸 돌을 어떻게 골라야 할까? 돌을 쌓는 순서는 어떻게 정하며, 각각의 돌을 어떤 각도로 놓을지는 또 어떻게 결정할까?

5개의 돌로 스톤밸런싱을 한다고 해보자. 이 돌들을 어떤 순서로 쌓아야 할까? 이때 가능한 경우의 수는 120가지다. 그리고 각각의 돌을 5가지 방법으로 균형을 잡을 수 있다고 해보자. 이 정도만 해도, 돌멩이 5개만 가지고 스톤밸런스 1개를 만드는 방법이 벌써 수천 가지에 이른다. 잠재적인 조합은 이렇게 무궁무진하다. 그럼에도 불구하고 만약에 하나의 스톤밸런스를 만드는 방법이 실제로 딱 하나뿐이라면 어떻게 할까?

인생에서 그렇듯이, 스톤밸런스싱에서도 결정을 내려야 할 때 너무 많이 생각하지 않는 게 좋다. 나의 학생들은 너무 많은 생각에 갇혀서 무력해지곤 한다. 그들은 돌을 고르지 못한다. 그러다가 어렵사리 돌을 1개 골라서 손에 들고도 어떤 식으로 놓아서 균형을 잡을지 결정하지 못한다. 드디어 결정을 내린 뒤에도 이 과정이 되풀이된다. 그들이 스톤밸런스를 완성하고 돌의 균형을 잡지 못했던 절망에서 벗어날 때 비로소 그 과정이 끝난다.

돌멩이 속에 산이 있다.
물방울 속에 바다가 있다.
우리의 두 손안에
우리의 조상들이 있다.

◁ 근원

연습 》 돌과 교감하기

해변에서 워크숍을 시작할 때마다 바닥에 깔린 그 많은 돌을 전부 훑어보는 학생이 꼭 한 명씩 있다. 그러고 나서 그는 이렇게 묻는다. "어떤 돌을 골라야 하나요?" 내 대답은 항상 똑같다. "당신이 돌을 고를까요, 아니면 돌이 당신을 고르게 할까요?" 스톤밸런싱을 시작하기 전에 각자 그 질문의 답을 찾아야 한다. 잠깐 고요하게 앉거나 서서 자신의 호흡에 집중해라(28~29쪽).

- 근처에 있는 돌들을 쭉 훑어보라. 그리고 마음이 끌리는 돌이 있으면 손을 뻗어 집어 들어라.

- 이제 그 돌을 두 손 안에 편안하게 올려놓고 이 순간에 존재하며 오감을 깨워라.

- 시각: 어떤 색깔이 보이는가? 색이 눈에 들어올 때 그 색깔을 느낄 수 있는가?

- 청각: 지금 무슨 소리가 들리는가?

- 촉각: 돌이 무거운가, 가벼운가? 따뜻한가, 차가운가? 꺼끌꺼끌한가, 매끈매끈한가? 바싹 말랐는가, 젖어서 축축한가?

- 후각: 돌에서 어떤 냄새가 나는가? 다른 냄새는 안 나는가? 지금 몇 가지 냄새를 맡을 수 있는가?

- 미각: 이제 곧 그 돌의 균형을 잡아야 한다는 생각으로 긴장한 탓에 입안에서 금속성의 맛이 느껴지는가? 아니면 매우 평온해서 따뜻하고 좋은 맛이 느껴지는가?

- 당신이 고른 돌을 두 손 안에 놓았을 때 느껴지는 여러 가지 감각을 그냥 알아차려라. 돌의 모양이나 특징에 상관없이 그 돌을 온전히 경험하라.

- 끝으로, 어느 돌로 작업할지에 대해 직관(본능)은 당신에게 무슨 말을 하는가? 창조 과정의 매 단계에서 당신의 직관이 이끄는 대로 따라가라.

많이 느끼고 적게 생각하라.
그리고 믿어라.

거친 돌과 매끈한 돌

- 표면이 거친 돌과 매끈한 돌을 적절히 섞어서 고르는 것이 좋다. 거친 돌은 매끄러운 돌 위에서 더 쉽게 균형을 잡고, 매끄러운 돌은 꺼끌꺼끌한 돌 위에서 더 쉽게 균형을 잡는다.

- 매끈한 돌 위에 매끈한 돌, 거친 돌 위에 거친 돌로 균형을 잡기가 더 어렵다. 그래도 불가능하지는 않다.

당신은 과정을
신뢰하는가?

◁ 신뢰

믿음의 가치

한두 시간 정도 하이킹을 하다가, 균형을 맞춰 쌓으면 굉장하겠다 싶은 돌들이 널린 아름다운 풍경을 만날 때가 있다. 그러면 나는 주변의 돌들을 손이 닿는 대로 집어 들고 내 마음속의 추상적인 형태를 구체화하려고 애쓰며 서너 시간을 보낸다.

한참 후에도 내 앞에는 여전히 한 무더기의 돌이 널브러져 있다. 굉장한 스톤밸런스가 완성될 기미는 전혀 보이지 않고, 나는 생각이 많아진다. "해낼 수 있어"라는 자신만만했던 생각이 "지금쯤이면 균형을 잡고 서 있어야 하는데" 혹은 "이건 애초에 불가능했어" 같은 전형적인 문장으로 바뀐다. 손이 떨리기 시작하고, 긴장으로 목덜미가 뻐근해진다. 생각이 꼬리에 꼬리를 물기 시작하자 목이 바싹바싹 타고 진이 빠지는 느낌이 든다. 햇빛이 사그라들기 시작하자, 반드시 우선해서 지켜야 할 규칙들이 떠오른다. 이제는 내 앞에 널브러진 돌을 전부 원래 자리에 갖다 놓는 것 말고는 할 수 있는 게 없다. 완벽한 스톤밸런스가 탄생하는 황금의 순간은 없다. 나는 패배감 속에서 숨을 한 번 길게 들이쉬고 돌아서서 따뜻한 침대가 있는 집으로 향한다.

나는 이불 속에서 밤새도록 두려움과 짜증과 의심으로 물든 부정적인 생각에 골몰하지 않는다. 그 대신, 이튿날 바로 그 장소로 돌아가서 전날 중단했던 것을 계속 시도한다. 이렇게 할 때마다, 그리고 과정을 신뢰할 때마다 나는 항상 굉장한 스톤밸런스를 창조해 낸다.

가치 ▷

여행 중이어서 똑같은 장소로 돌아가지 못할 때도 있다. 그렇더라도 나는 그때의 노력과 실패로부터 배웠던 것들을 이용해서 다음번 스톤밸런스를 더 쉽게 완성한다.

모든 스톤밸런싱은 고군분투의 과정을 필요로 한다. 그리고 승리의 순간을 맛보려면 그 과정을 신뢰해야 한다. 오늘 한순간의 고군분투를 견딘 것이 10년 후 혹은 50년 후 우리가 어디에 다다를지에 막대한 영향을 미칠 수 있다. 작은 행동들이 큰 결과로 이어지는 것이다. 그 모든 것은 믿음이라는 촉매에서 시작된다.

이완과 경청

창조 행위가 모두 그렇듯이, 훌륭한 스톤밸런스를 창조하는 비결은 자신의 아이디어에 집착하지 않는 것이다. 움켜쥔 손을 펴고 집착을 버려라. 그러면 매 순간 몰입함으로써 당신이 구상한 아이디어를 최선의 형태로 발전시킬 수 있다.

돌 2개를 내가 상상했던 각도로 쌓으려고 아무리 기를 써도 실제로는 그 둘이 절대로 균형을 맞추지 못하는 때가 있다. 내가 마음속으로 그렸던 형태가 현실에서는 중력을 이용하지 못하는 그저 엉뚱하고 막연한 환상인 것만 같다.

하지만 바로 그런 순간에 나는 돌들이 내게 하는 말에 귀를 기울이고, 2개의 돌이 실제로 균형을 잡을 수 있는 지점을 찾아내는 법을 배운다. 돌들은 대지의 영적 에너지와 연결되어 있다. 그러므로 돌은 현실 세계의 본질과 소통한다. 우리가 돌들이 하는 말에 귀를 기울인다면 그것들은 우리를 이끌어 내면의 진실을 깨닫게 하고 믿음의 문을 열어줄 것이다.

믿음은 내면에서 시작된다. 스스로 해낼 수 있다고 믿어야 한다. 당신 안에는 경이로운 것을 창조하고 경이로운 순간을 경험할 능력이 잠재해 있다. 우리는 각자 자기만의 천재성을 가지고 있다. 그러므로 다른 누군가처럼 되는 일에 초점을 맞추지 말라. 이제는 당신의 진정한 모습을 찾아서 당신답게 사는 일에 집중하고 세상을 향해 당신만의 목소리를 낼 때가 되었다.

지금은 당신이 정말로 믿는 것이 무엇인지를 알아내고 균형을 찾아야 할 때다.

그다음엔… 그다음엔… 그다음엔…

- 스톤밸런싱의 세계에 들어서서 1개의 돌을 가장 까다로운 형태로 쉽게 균형 잡아 세우는 법을 배운 후, 내가 작업하는 내내 즐겨 사용하는 구절이 있다. "그다음엔… 그다음엔… 그다음엔…."

- 이 구절은 하나의 아이디어를 장기적으로 숙고하고 발전시키는 좋은 방법이다.

- 미리 숙고함으로써 우리는 현재로 되돌아올 수 있고 미래에 있을 함정을 피할 수 있다. 바다 끝에서 시선을 돌려 당신의 발끝을 적시는 파도를 보았던 일(61쪽)을 기억하라.

내가 어디로 가고 있는지
나는 모른다…….
하지만 나는 계속 가고 있다.

방향 ▷

1. 아이디어가 태어난다. 그것은 제자리에 붙박인 채 서서히 사라지거나, 아니면 자리를 박차고 물리적 세계 속으로 나아가 다음 단계로 이동한다.

2. 그 아이디어는 이제 하나의 사물이다. 사물이지만 마음이 처음에 그렸던 것과는 사뭇 다르다. 대비하라. 이제 그 아이디어는 약간의 저항에 부딪힐 것이기 때문이다. 당신과 다른 사람들 양측 모두 그 아이디어에 저항한다. 당신의 환상적인 아이디어에 대해 지금은 어떻게 생각하는가?

3. 넘어져도 일어서고 또 일어서는 능력을 갖춰야만 당신은 다음 단계로 갈 수 있다. 정직한 시도들은 실패를 따뜻하게 환영한다. 실패는 치명적인 결함을 드러내 주고 그것을 바로잡는 데 필요한 것을 알려주기 때문이다. 원래의 아이디어가 현실과 정면충돌하는 때가 바로 지금이다.

4. 결승선이 코앞에 있을 때 그만두고 싶은 충동이 가장 강해질 수 있다. 위험이 클수록 보상이 크다는 것을 기억하라. 당신이 원래의 아이디어에서 발전시킨 모든 것을 취합하고, 실패를 딛고 일어서서 위험을 감수하고 자신을 믿어라. 그리고 찬란한 성공의 순간(황금의 순간)을 맞이하라.

발전의 4단계

- 모든 것이 가능하다. 한계는 없다. 당신 자신이 정해놓은 한계만 있을 뿐.

- 자신에게 물어보라. 당신은 자유의지로 결정을 내리는가, 아니면 운명을 따르는가? 인생은 선택과 결정의 연속이다. 그리고 당신이 결정하든 정해진 운명에 순응하든 상관없이, 이 순간의 결정은 다음 순간에 일어날 일의 촉매라는 사실을 자각하라.

- 과정을 신뢰하라. 어린 자녀의 손을 이끌고 조심스럽게 다음 순간으로 내딛는 부모를 신뢰하듯이. 과정 없이는 결과도 없다.

4장

균형

균형 잡기

스톤밸런싱은 간단하다. 돌을 1개 놓고 그 돌 위에 다른 돌을 놓는다. 그다음엔 그 위에 또 다른 돌을 놓는다. 더 쌓아야겠다고 느껴지면 또 1개를 놓는다. 이 과정을 반복한다. 나는 내 직관에 귀를 기울이고 호흡을 자각하는 일을 기억한다.

균형을 잡아가며 돌을 쌓기 시작할 때 당신은 우선 자신이 다루는 돌 하나하나의 무게중심을 찾아내야 한다. 그리고 나서 돌을 추가할 때마다 반드시 각 돌의 무게 중심이 수직으로 일치하고 안정적으로 유지되도록 해야 한다. 스톤밸런스의 중심 축을 알아내는 법을 정확히 설명하기는 어렵다. 직관적으로 하는 일이기 때문이다. 똑바로 세우는 일과 약간 비슷하지만, 보이지 않는 기둥이 층층이 쌓인 돌들을 수 직으로 관통하고 있다고 상상하면 도움이 된다. 복잡한 스톤밸런스의 경우 때때로 기둥이 살짝 휘기도 하는데, 너무 많이 휘면 무너진다.

표면의 중요성

되도록 표면이 딱딱한 곳에서 작업하라. 모래처럼 부드러운 표면에 쌓은 스톤밸런스는 돌들의 무게가 증가함에 따라 결국 무너지기 시작한다. 목재의 표면도 마찬가지다. 토대에서 일어나는 어떠한 미세한 변화도 그 위에 쌓인 돌들의 무게 분산에 막대한 영향을 미치고 붕괴로 이어질 수 있다. 토대가 튼튼하면 완성된 스톤밸런스도 튼튼하고, 토대가 약하면 스톤밸런스도 약하다. 이 기본 원리를 기억하라.

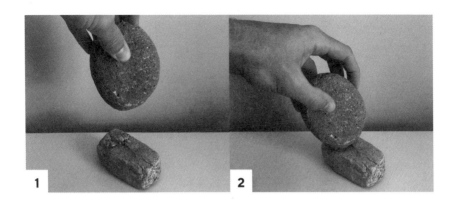

연습 》 삼각형 기법

삼각형 기법은 돌의 균형을 쉽게 잡는 한 방법이다. 마당에 있는 자갈 몇 개로 이 기법을 시도해 보면 좋다.

// 1단계: 2개의 돌을 선택하라.

먼저 돌 2개를 골라라. 너무 많이 생각하지 말라. 다음 단계로 가기 위해 돌이 필 요한 것뿐이다.

// 2단계: 삼각형을 찾아내라.

2개의 돌이 맞닿는 부분이 작은 삼각형을 이루어야 한다. 즉, 두 돌멩이가 맞닿는 지점이 세 곳이어야 한다. 평평한 바닥에 첫 번째 기반돌을 놓은 후 두 돌 사이의 균형을 잡기 위해 두 번째 돌을 삼각형 모양으로 돌돌 굴려라. 두 돌이 세 지점에 서 맞닿는 느낌이 들 때까지 계속 굴린다. 이 세 점이 스톤밸런스의 토대이다. 삼 각 형태가 가장 튼튼하다. 그 위에 가해지는 힘이 세 변을 따라 균등하게 분산되 기 때문이다.

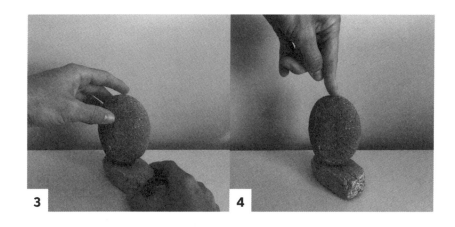

//3단계: 제자리에 착 들어맞게 하라.

그 돌이 완벽하게 균형을 잡으면 실제로 '찰칵'하며 제자리에 들어맞는 느낌이 든다. 위대한 영혼과 악수하는 것 같은 느낌이다.

//4단계: 압력을 가하라.

돌을 쌓을 때의 요령은 방금 놓은 돌의 윗면을 손가락으로 눌러보는 것이다. 살살 누르면서 가장 튼튼하게 균형을 잡은 지점이 어디인지를 느껴보라. 가장 튼튼한 지점은 적당한 압력을 너끈히 견딜 수 있다.

//5단계: 돌을 더 쌓아라.

이제 두 번째 돌 위에 다른 돌을 1개씩 쌓으며 균형을 잡기 시작하라. 손가락으로 눌러서 찾아낸 바로 그 지점에 다음 돌을 놓는다.

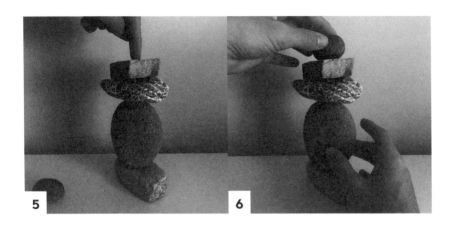

// 6단계: 계속 쌓아라.

이 방법으로 돌을 계속 쌓는다. 이 순간의 당신 자신을 정확하게 표현했다고 느껴질 때까지 쌓아라.

// 7단계: 황금의 순간에서 멈춰라.

돌을 몇 개 정도 쌓아야 만족하겠는가? 15개가 필요할 수도 있고, 단 1개로 충분할 수도 있다. 자신이 돌을 충분히 쌓았는지를 언제 알 수 있을까? 이는 전적으로 당신이 판단할 문제다. 맨 위에 마지막으로 놓인 돌이 당신에게 이렇게 말한다. "나는 이걸로 충분해. 이제 만족해." 이때가 황금의 순간이다.

완전한 불완전

완전무결한 스톤밸런스를 창조하고자 애쓰고 있다면 무엇도 당신의 기대를 완전히 충족시키지는 못할 거라는 사실을 기억하라. 당신의 아이디어를 85퍼센트 정도 밀어붙이고 나머지는 버리는 것이 99퍼센트까지 밀어붙이는(그러고도 1퍼센트를 끝내 버리지 못하는) 것보다 훨씬 낫다. 돌들은 혼자 힘으로 서 있을 수 있어야 한다. "그다음엔…… 그다음엔…… 그다음엔……"(85쪽)을 반복하다 보면 그 창조 과정의 끝에 다다랐음을 직관으로 아는 단계에 이른다. 하지만 "그다음엔……"은 "딱 하나만 더"와 전혀 다르다. "딱 하나만 더", 이 말은 자신이 가진 것에 결코 만족하지 않는다는 의미다. 행복해지기 위해 항상 "딱 하나만 더"를 요구할 것이다. 이 덫에 걸린 사람은 스스로에게 무엇을 요구하고 있는지 알아차려야 한다. 그리고 기억하라. '완전무결한' 스톤밸런스는 존재하지 않는다.

와비사비(WABI-SABI)

- 일본에는 불완전성의 아름다움을 뜻하는 단어가 있다. 바로 '와비사비'다. 이 개념은 일시성과 불완전성을 수용한다. 하늘을 향해 가지를 뻗은 나무의 곡선은 불완전성 속에서 완전하다.

- 모든 사람은 제각각 한 그루의 나무처럼 아름답다. 마찬가지로, 모든 스톤밸런스는 제각각 독특하므로 아름답다. 똑같은 스톤밸런스는 지금까지 없었고 앞으로도 없을 것이다. 그것은 일시적이어서 아름답고, 불완전해서 완전하다.

주파수 ▷

- 당신이 난생처음 스톤밸런싱을 할 때 어떤 느낌이 드는지를 알아차려라. 미래는 불확실하고 불분명하며, 당신은 지금 당신의 길을 찾는 중이다. 이 느낌을 알아차리고 수용하라. 이런 열린 태도가 바로 초심이 주는 선물이다.

- 그 느낌을 잘 기억해 두어라. 뭔가를 많이 연습할수록 그것에 대해 아는 것이 많아지기 때문이다. 당신은 첫 번째 스톤밸런싱에서는 결코 시도할 수 없었을 섬세한 기술과 세련된 위치 조정 기술을 배울 것이다. 지식이 느는 것은 강점이 되기도 하고 함정이 되기도 한다.

- 지금껏 나는 수천 개의 스톤밸런스를 완성했다. 그러므로 어떻게 보면 여러 개의 돌이 함께 균형을 이루는 방식에 대해 아는 것이 너무 많다고 할 수 있다. 하지만 나는 스톤밸런싱에 도전할 때마다 여전히 초심을 지키려고 애쓴다. 목표가 분명할 때 최고의 작품이 태어나지만, 나는 새로운 가능성에 항상 열려 있으며 내가 모든 것을 알지는 못한다는 사실을 되새긴다.

- 이런 겸손한 태도는 새로운 가능성에 열려 있다. 마치 쌀쌀한 아침에 따스한 햇볕을 반기듯. 의심이 커지거나 지금의 창조물이 실망스럽다면 당신이 쥐고 있는 돌을 전부 내려놓고 완전히 다른 돌을 집어 들어라. 새로운 돌은 새로운 관점을 부여하고, 새로운 관점은 초심을 되살린다.

초심

실내 스톤밸런싱

나는 실내 스톤밸런싱을 사랑한다. 주변에 돌을 쌓을 만한 자연 공간이 없다는 핑계가 통하지 않기 때문이다. 사람들이 내게 보낸 사진의 60퍼센트 정도는 나의 인터넷 강의를 본 후에 부엌 조리대 위에 세운 최초의 스톤밸런스 사진이다.

실내는 스톤밸런싱을 처음 시작하기에 매우 좋은 장소다. 돌의 균형을 무너뜨리는 바람이 없기 때문이다. 게다가 완벽하게 평평한 바닥에 돌을 쌓을 수도 있다. 자연적 요인들과 당신의 재료들을 더 잘 통제할 수 있고, 따라서 당신이 상상했던 형태에 더욱 가까운 스톤밸런스를 창조할 수 있다.

정원의 돌을 사용해도 좋고, 정원이 없으면 이웃집에 부탁할 수도 있다. 근처 꽃시장에서 돌을 몇 개 사 오는 방법도 있다. 돌을 구하는 것은 당신이 알아서 해야 할 문제다. 하지만 책임감 있는 태도로 돌을 구해야 하며, 국립공원 같은 자연보호구역에서 가져와서는 절대 안 된다.

크리스털이 여러 개 있다면 그것을 이용해 보는 것도 좋다. 크리스털은 표면이 매끄럽고 빤짝여서 균형을 맞추기가 조금 더 어려울 수도 있다. 하지만 당신이 크리스털의 치유력을 믿는다면, 그것들을 균형 잡아 쌓는 것은 크리스털의 에너지를 충전하고 그것의 진동으로 공간을 채우는 좋은 방법이다.

명상하는 공간을 따로 마련했거나 평화와 행복을 연상시키는 실내 공간이 있다면 그곳이나 그 근처에서 스톤밸런싱을 해보라. 단 1개의 작품만 있어도 긍정적인 기운을 훨씬 많이 상승시킬 수 있다. 반대로, 집 안의 어디든지 부정적인 기운이 고여 있는 느낌을 주는 곳이 있다면 거기에 스톤밸런스를 놓아보자!

스톤밸런스 정원

스톤밸런스 정원은 기발하고 신기해 보이면서도 많은 비용이나 환상적인 설계를 필요로 하지 않는다. 돌멩이 한 자루를 구해서 그냥 쌓으면 그만이다. 일단 그렇게 시작했다면 당신의 직관을 따르고 진짜라는 느낌을 주는 정원을 만들어라.

시간이 흘러 돌을 다루는 경험이 늘고 발전하면서 당신의 정원도 점차 확장될 것이다. 공간의 크기에 따라 돌멩이 한 자루가 스무 자루로 늘어나고, 그다음엔 커다란 바위가 놓이고, 그다음엔 폭포가 생길 수도 있다……. 처음에는 스톤밸런싱을 해보자는 단순한 의도로 시작하라. 그러고 나서 당신의 주위에 차차 무엇이 생겨나는지를 지켜보아라.

실내에서 스톤밸런싱을 할 때와 마찬가지로, 돌을 구할 때는 책임감을 가져야 한다. 자연보호구역에서는 절대로 돌을 가져와선 안 된다.

자연에서 시도할 때는 스톤밸런스를 만든 후 도로 허물어서 돌들을 원래 있던 자리에 전부 가져다 놓고 집으로 돌아가거나 여행을 계속해야 한다. 그렇기 때문에 돌쌓는 작업에 고스란히 쓸 수 있는 시간은 고작 한두 시간 정도다. 하지만 정원이나 뒤뜰에서 스톤밸런싱을 시도하면 돌쌓기 연습에 매일 더 많은 시간을 할애할 수 있고, 그 결과 기술과 결과물이 하루가 다르게 향상될 것이다. 게다가 원한다면 당신의 작품을 그 자리에 그대로 두고 언제까지나 보고 또 볼 수 있다. 내가 완성한 스톤밸런스를 가장 오랫동안 야외에 남겨둔 기간은 아홉 달이었다. 그러던 어느 날 나는 변화가 필요하다고 느꼈고, 그래서 그것을 허물고 내가 그때까지 배운 것들을 이용해서 새로 시작했다.

대자연 속으로

집 안이나 정원에서는 매우 편안하고 안정적인 상태에서 스톤밸런싱을 할 수 있다. 하지만 밖으로 나가 자연 속에서 야생의 공기를 호흡하며 돌을 쌓는 경험은 무엇에도 비할 수가 없다. 변화무쌍한 자연환경 속에서 시도할 때의 난제는, 보기에 아름다우면서도 바람을 견딜 수 있게 돌을 쌓는 것이다. 일반적으로 정교한 작품일수록 바람에 취약하다. 당신은 아름다움과 견고함 사이에서 적정선을 찾아야 한다.

야외에서 작업할 때는, 추운 계절이거나 추운 지역일 경우 겉옷을 따뜻하게 챙겨 입어야 한다. 그리고 햇볕에 피부가 상하지 않도록 반드시 자외선 차단제를 바르거나 소매가 긴 옷을 입거나 모자를 써야 한다. 모기가 많은 곳에서는 스프레이 모기약을 사용하는 것이 좋다. 이렇게 자연적 요인들로부터 자신을 보호하고, 주의를 분산시킬 수 있는 환경적 요인들을 차단하라. 그래야만 경이로운 스톤밸런스를 창조하는 과정에 온전히 집중할 수 있다.

영감의 정원

- 공동체 구성원들이 함께 모여서 식물을 기르는 공동 텃밭이 많다. 이와 비슷하게 스톤밸런스 공동 정원을 만들어 보면 어떨까?

- 명료한 자각과 명상을 위한 용도로 설계된 공간에 마을 사람들이 모여서 다 같이 스톤밸런싱을 연습한다면 그 마을이 얼마나 긍정적으로 변화할 수 있을지 상상해 보라. 도시에서는 외로움과 단절감을 느끼기가 쉽다. 이런 곳에 마련된 스톤밸런스 공동 정원은 사람들을 평화로운 공간으로 끌어모아 함께 어울리게 하는 훌륭한 역할을 해낼 것이다.

해맞이

내 생각에 하루 중 스톤밸런싱을 하기에 가장 아름다운 시간대는 일출과 일몰 무렵이다. 나는 스톤밸런싱을 마치고 그 작품이 수평선 위로 막 떠오르는 태양을 맞아 서로 인사하는 모습을 보는 것을 좋아한다. 아침 일찍 시작하라. 그러면 태양을 경배하듯 당신의 스톤밸런스가 떠오르는 태양을 맞이할 것이다. 이는 하루를 시작하는 아주 좋은 방법이다.

그렇긴 해도 나의 스톤밸런싱 작품들은 대부분 해거름에 만들어진 것들이다. 주된 이유는 해를 맞이할 수 있을 만큼 이른 시간에 일어나는 것이 나에게는 고역이기 때문이다. 게다가 나는 오전보다는 오후에 더욱 창조적인 인간이 된다. 그래서인지 해가 질 무렵에는 최고로 집중한 상태에서 스톤밸런싱 작업을 할 수 있다. 더욱이 이곳 캘리포니아에서는 서쪽이 태평양을 면해 있어서 해 질 녘이 되면 하늘과 바다가 다채로운 노을빛에 물들어 기가 막히게 아름답다. 하늘에 걸린 거대한 붉은 공이 서서히 몸을 낮추다가 바다 끄트머리에 닿고 순식간에 모습을 감춘다. 그야말로 장관이다.

나는 내가 쌓은 돌들이 석양에 붉게 물든 모습을 보는 것을 정말 좋아한다. 그런 다음 해가 저물자마자 그것을 허문다. 나에게 그 순간은 믿음을 상징한다. 즉 태양은 영원히 사라진 게 아니라 내일 다시 떠오를 것이며, 이 스톤밸런스는 나의 마지막 작품이 아니다. 오늘의 황금의 순간에 내가 배운 것들을 이용해서 내일 새로운 스톤밸런스를 창조할 것이다.

해 질 무렵에 자연 속에서 돌을 쌓고 있다면 당신의 위치를 정확하게 알아야 한다. 노을에 흠뻑 젖은 채 작업하고 있는데 삽시간에 해가 사라지며 모든 빛을 거둬간다. 어둠 속에서도 안전하게 귀가할 수 있도록 손전등이나 헤드램프를 미리 준비해야 한다. 주위에 뱀이 있고 어둠 속을 혼자 걷고 있다면 휴대전화로 음악을 켜거나 노래를 불러라. 나는 집으로 돌아오는 길에 항상 약간의 소음을 일으킨다. 나는 뱀을 무서워하는데, 뱀은 소음을 싫어하기 때문이다.

아름다움 발견하기

- 아름다움에 대한 정의는 사람마다 다르다.

- 대체로 나는 두 손이 흥분으로 떨릴 때 스톤밸런스가 '완성됐다!'는 것을 안다.

- 뒤로 물러나 새 작품을 보면서 에너지가 정체된 느낌을 주는 부분이 있는지를 살핀다. 나의 두 눈은 마치 무한대 기호를 그리듯이 그 형태를 전체적으로 쭉 훑어보고, 그럴 때마다 스톤밸런스가 눈을 즐겁게 해준다는 느낌을 받는다.

- 보통 나의 목표는 지는 해를 배경으로 스톤밸런싱을 하는 것이다. 하지만 당신은 해돋이를 좋아할지도 모르고, 바닷가보다는 숲속에서 작업하는 것을 좋아할 수도 있다. 집 안에서만 스톤밸런싱을 하는 사람도 있고, 다른 사람들과 함께할 때만 즐겨 시도하는 사람도 있다. 당신이 무엇을 선호하든지 다 괜찮다. 당신의 열정 속으로 뛰어들어라.

발전 ▷

자연에서 스톤밸런스를 만들었다면 반드시 그 풍경 속에 어떤 흔적도 남기지 말고 떠나야 한다. 돌을 고르고 모을 때 항상 책임감을 느끼고, 작업이 끝나면 사용한 돌들을 원래 자리에 도로 갖다 놓아야 한다(156쪽, '흔적 남기지 않기' 참고). 떠날 때 쓰레기도 전부 가져와야 한다. 원한다면 사진으로 찍어서 가져올 수 있지만, 그 외에는 어떤 것도 가져와서는 안 된다.

연습 》 도전

열정을 추구할 준비가 됐다면 즐거운 마음으로 다음의 간단한 스톤밸런싱에 도전해 보라.

- 돌을 쌓으면서 호흡을 10회 연속 알아차려라. 숨을 내쉴 때마다 당신의 만트라를 반복하라.

- 당신의 머리 위에 작은 돌을 1개 올려놓아라.

- 다른 사람의 머리 위에도 작은 돌을 1개 올려놓아라.

- 다른 사람이 당신의 머리 위에 작은 돌을 올려놓을 때 당신도 그 사람의 머리에 작은 돌을 올려놓아라.

- 10개의 돌을 균형을 잡아 쌓아라. 맨 밑에 가장 큰 돌을 놓고 갈수록 크기를 줄여서 맨 위에 가장 작은 돌을 놓아라.

- 10개의 돌을 쌓되, 맨 밑에 가장 작은 돌을 놓고 갈수록 크기를 키워서 맨 위에 가장 큰 돌을 놓아라.

- 작은 돌 위에 큰 돌을 올려놓아라.

- 다른 사람과 함께 하나의 스톤밸런스를 완성하라.

- 당신의 현재 나이와 똑같은 개수의 돌로 스톤밸런스를 완성해 보라.

- 이 도전을 사진으로 찍고 해시태그(#스톤밸런싱)를 붙여 공유하라.

다음 5장에서는 한계와 그것이 우리에게 미치는 영향을 살펴볼 것이다. 그리고 상급 수준의 스톤밸런스 몇 가지를 소개해서 당신이 더욱 복잡한 작품을 시도해 보도록 격려할 것이다. 지금은 계속 연습하라. 한 번에 돌 1개씩. 스톤밸런스는 내면을 비추는 거울이다. 스톤밸런싱을 새로 시작할 때마다 그것이 당신의 내면 상태를 얼마나 정확하게 보여주는지를 자각하라. 스톤밸런스를 완성하기 위해 우리는 먼저 내적 균형을 이루어야 한다. 그러면 모든 것이 가능하다.

기억할 점

- 우주 만물은 항상 균형 상태에 있다.

- 당신이 작은 삼각형 위에서 균형을 잡고 있다고 상상하라.

- 당신의 감각들을 모두 일깨우고 그것에 집중함으로써 많이 느끼고 적게 생각하라.

5장

한계

풍선 터뜨리기

내가 스톤밸런싱을 아예 포기하려 했을 만큼 참담하게 실패한 순간이 몇 번 있었다. 그때마다 내 믿음은 가혹한 시험대에 올랐고 나를 한계까지 몰아붙였다.

믿음이 흔들리고 의심이 커지는 순간은 매번 2가지 길을 제시하며 선택을 재촉한다. 하나는 두려움의 길로서 이전에 가봤던 곳으로 돌아가는 것이다. 다른 길은 계속 앞으로 나아가고 극단을 뛰어넘는 것이다. 심호흡을 한 번 하고 절벽 끝에서 뛰어내려라. 밑으로 추락할 때 날개를 활짝 펴라. 이 길은 우리를 새로운 세계로 데려간다.

때때로 나는 밖으로 나가 스톤밸런스를 새로 하나 완성한 후에 돌과 중력의 물리적 관계에 대해 지금까지 얻은 지식으로는 가능할 것 같지 않은 형태를 구상한다. 하지만 나의 한계가 어디쯤인지를 알기 때문에 그 한계와 맞서고 결국에는 그것을 돌파할 수 있다.

당신이 한계에 이르렀다고 생각될 때는 한 걸음 더 나아가라. 심호흡을 한 번 한 다음 한계에 도전하라. 그러면 마침내 한계는 사라지고, 당신은 무한한 영적 자아와 함께 날아오를 것이다.

풍선을 불고 있다고 상상해 보라. 풍선은 당신의 한계를, 풍선 속의 공기는 당신의 믿음을 상징한다. 풍선은 원래 크기의 수십 배까지 확장될 수 있지만, 고무의 신축성도 결국엔 한계에 부딪힌다.

풍선은 점점 커지다가 어느 순간 숨을 한 번 불어넣으면 마침내 터져버린다. 그렇게 풍선이 터질 때 당신의 한계가 사라진다. 당신은 한계를, 극단을 뛰어넘은 것이다. 풍선을 터뜨리는 순간, 우리는 깨닫게 된다.

돌을 하나씩 꾸준히 옮기다 보면 산도 옮길 수 있다. 한 호흡 한 호흡, 한 걸음 한 걸음, 돌 하나 돌 하나. 산이 움직인다. 한 호흡 한 호흡, 풍선이 터진다.

모든 인간에게는 한계를 넘어설 능력이 잠재해 있다. 하지만 대부분의 사람들이 풍선이 터지는 지점에 다다르지 못한다. 그러면 산은 절대로 움직이지 않는다. 한계에 이르는 그 길에는 우리를 머뭇거리게 하는 어떤 것이 있다. 현재의 물리적 한계가 그것일 수도 있고, 우리의 심리적 한계를 만들어 낸 과거의 트라우마일 수도 있다.

하지만 그래도 우리는 한계를 계속 확장하고 극단에 이르러서도 계속 밀고 나아갈 수 있다. 풍선이 터질 때까지, 한계가 없다는 것이 어떤 느낌인지를 경험할 때까지. 마침내 풍선을 터뜨리기 위해 우리는 집착에서 벗어나고 한계를 돌파해야 한다.

호흡의 힘과 한계

균형을 잡으며 돌을 쌓다가 한계에 부딪힐 때 나는 숨을 한 번 쉰다. 긴장하는 순간, 우리는 자기도 모르게 바짝 얼어붙고 호흡을 자각하는 일을 까맣게 잊는다. 그런 순간에 나는 호흡하면서 그 숨을 내가 감지한 한계 너머로 멀리 날려보낸다. 그리고 또 한 번 호흡하면서 숨을 그 너머로 보낸다.

마침내 내가 단 한 걸음만 더 나아가도 스톤밸런스가 통째로 무너질 것 같은 순간이 찾아온다. 내가 창조 과정의 극단이라고 부르는 곳에 도달한 것이다. 바람과 같은 외부 요인들이 내가 어디까지 밀고 나아갈 수 있는지를 결정하는 것 같지만, 극단이 어디쯤이고 단념해야 할 때가 언제인지를 결정하는 것은 나 자신이다.

나는 꼭대기에 마지막 돌을 언제 놓을지를 결정한다. 그리고 돌을 놓았을 때, 내가 진정한 극단에 도달했을 때, 나는 알게 된다. 두 손이 떨리기 시작한다. 내가 이전의 한계를 넘어설 수 있었다는 사실에 극도로 흥분했기 때문이다.

나는 스톤밸런스가 완성된 이 황금의 순간을 사진으로 기록해 두기를 좋아한다. 완벽한 사진을 찍는 데 집착하지 않는 것은 나에게 힘든 일이 아니다. 내게는 그 순간이 지나가기 전에 그냥 가만히 앉아서 스톤밸런스를 감상하는 일이 더 중요하다.

당신이 한계에 부딪혔다고 생각되면,

- **호흡하라:** 지나친 노력을 멈춰라. 그냥 한 번 더 호흡하면서 긴장을 내보내고 다음 순간으로 계속 나아가라. 그러고 나서 그다음 순간으로, 또 그다음 순간으로…….

- **집중하라:** 한 번에 돌 1개에 집중하라. 그러면 산이 움직이기 시작할 것이다. 그 모든 것이 첫 번째 돌을 집어 드는 것에서 시작된다. 가장 사소한 하나의 행위가 엄청난 인식의 변화를 일으키는 단초가 될 수 있다.

- **기억하라:** 모든 순간이 새로운 시작이다. 이 순간도 그렇다. 이제 곧 엄청난 일이 일어나려고 한다…….

한계가 당신을 전진시키게 하라

- 눈을 뜨고 있을 때 나는 외적 한계에 갇혀 있는 나를 본다. 하지만 눈을 감고 내적 세계로 들어가면 벽이 전부 무너진다. 우주가 서로 연결된 풍요로운 단일체로 보인다. 손으로 만지지 않고도 옆에 놓인 한 잔의 커피를 느낄 수 있고, 수천 킬로미터 떨어진 곳에 사는 내 가족을 느낄 수 있다. 우리 모두 우주와 연결되어 있음을, 하늘의 수많은 별과 바다의 수많은 파도와 연결되어 있음을 나는 안다.

- 돌을 볼 때 나는 거기에 비친 나를 본다. 나는 당신도 본다. 내가 만드는 스톤밸런스는 당신과 함께 공명한다. 그 작품이 당신 자신을 일깨워 주기 때문이다. 다시 말해서, 그 작품이 본질적으로 바로 당신이기 때문이다. 나의 영혼도 당신이 균형을 잡아 쌓고 있는 돌들에 존재한다. 나는 당신과 함께 있고, 당신은 나와 함께 있다.

- 한계는 지어낸 환상이라는 것을 알면서도 나는 계속 환상을 지어낸다. 이런 자각은 "나는 할 수 없어"라는 핑계의 근원을 알아내게 도와준다. 한계는 없다. 자신이 정해놓은 한계만 있을 뿐.

- 내가 이것을 입증하도록 도와주는 셈 치고, 당신이 항상 꿈꾸었던 것을 시도해 보라. 당신의 발끝을 적시는 파도와 그다음 파도의 연결고리를 발견하라. 이제 곧 당신은 바다 끝에 닿을 것이다. 한계는 끝이 없는 계단이다. 한 걸음 한 걸음, 한계는 그렇게 우리를 저 바다와 하늘 끝 너머로, 미지의 세계로 데려간다.

스톤밸런싱을 시작할 때 당신은 자신이 사고를 한정 짓는 특정 대본에 따라 행동하고 있음을 발견할지도 모른다. 실제로 그렇다면 문제의 대본을 건설적으로 바꿔라. 부정적인 문장을 긍정적으로 바꾸고, 새로운 문장을 계속 반복하라.

흔한 문제와 해결책

- 문제: "딱 하나만 더."
- 원인: 결코 만족하지 않음.
- 해결책: "하나면 충분해."

- 문제: "나는 할 수 없어."
- 원인: 자기 의심이 너무 강함.
- 해결책: "할 거야."

- 문제: "내가 만약 ……하면 어떡하지?" 혹은 "내가 이걸 제대로 하고 있는 걸까?"
- 원인: 생각이 너무 많고 자기 신뢰가 부족함.
- 해결책: "해보면 저절로 알게 되겠지."

- 문제: "가장 큰 돌로 완벽하게 균형을 잡을 거야."
- 원인: 에고가 매우 강함.
- 해결책: "우리는 모두 별먼지로 만들어진 존재야."

- 문제: "이렇게 살 수밖에 없어."
- 원인: 외부 요인을 탓함.
- 해결책: "이건 내 인생이야. 다음 페이지에 무슨 이야기를 쓸지는 내가 결정해."

"스톤 빌딩에 대해 나는 이렇게 생각해요.

거기에 투입한 시간과 노력만큼

경험하고 즐기고 배운다는 겁니다.

이 기술은 한 번 익히면 사라지지 않아요.

그러니 할 수 있을 때마다

놀이하듯 해보세요."

SHERYLROSE

연습 》 가장 큰 꿈

지금까지 당신은 수없이 다양한 방식으로 스스로를 제한해 왔다. 이제 당신이 놓쳤던 절호의 기회들을 되찾고 소원을 이룰 때가 되었다.

- 잠시 시간을 갖고 당신의 가장 큰 꿈을 생각해 보라. 무엇인가? 큰 소리로 말해보라. 창피해하지 말라. 당신의 꿈을 세상에 널리 알려라. 신들은 당신의 말에 귀를 기울이고 있다.

- 그 꿈을 여러 단계로 작게 조각 낸다면 각 단계는 무엇인가? 당신이 산을 움직이기 시작할 때 첫 번째 돌에 해당하는 단계는 무엇인가?

- 당신이 꿈을 이루기 위해 맨 먼저 해야 할 일이 있다. 바로 명료하게 깨어서 호흡을 자각하는 것이다.

- 그 꿈을 이루겠다는 목표를 정하고, 앞서 확인한 작은 단계들을 차근차근 밟아 나아가라. 당신의 상상은 마침내 현실이 될 것이다.

- 당신의 믿음을 흔드는 장애물도 나타날 것이다. 하지만 실패는 모두 당신의 믿음이 실제로 얼마나 굳건한지를 알아보기 위한 시험이다. 장애물을 헤쳐나가는 동안 계속 호흡을 자각하라.

- 당신의 힘을 믿어라. 다른 사람들이 중단한 곳에서도 당신은 전진한다. 계속 나아가라. 그 다음엔 조금 더 많이 나아가라. 이제 곧 당신은 자신이 얼마나 멀리 왔는지, 그리고 실제로 얼마나 멀리까지 갈 수 있는지 알게 될 것이다. 그리고 아직은 시작에 불과하다는 것도 알게 된다.

- 이제 당신은 가장 큰 꿈을 추구하는 길에 들어설 수 있는 모든 자격을 갖췄다. 그 길을 가는 도중에 당신을 멈춰 세울 수 있는 것은 오직 당신뿐이다.

한계가 없는 삶

마음은 한계를 모른다. 이런 마음 상태가 이상적이다. 매번 그렇지는 않지만, 명상 후에 나는 때때로 그런 무한한 느낌을 경험한다. 나의 한계를 훌쩍 넘어설 것을 요구하는 새로운 스톤밸런스를 만들 때도 그렇다.

스톤밸런싱을 위해 밖으로 나갈 때마다 나는 내가 지난번에 성취한 수준을 뛰어넘어 더 멀리까지 나아갈 수 있다고 나 자신과 내기를 한다. 이 방법을 통해 지금까지 여러 차례 경이로운 순간에 이르렀다. 그 순간의 스톤밸런스는 대단히 정교해서 가장 미약한 숨결에도 무너질 것 같다. 그 창조 과정은 처음부터 끝까지 조금 불가능해 보인다. 하지만 나는 거기에 서 있고, 바로 옆에서 파도 부딪히는 소리가 크게 들린다. 나는 눈을 끔뻑인다. 이건 현실이다, 진짜다, 이런 순간이 가능하구나. 나는 숨을 내쉬고 여전히 당차게 서 있는 스톤밸런스를 본다. 바다의 수많은 파도만큼 풍요로운 느낌이 든다.

내가 바닷가에서 작업하는 것을 좋아하는 한 가지 이유는 그곳이 바다가 바다 끝과 만나는 지점이기 때문이다. 당신의 영적 극단(당신의 내적 존재가 가닿을 수 있는 가장 먼 곳)에 대해 생각해 보라. 당신은 자신의 순수한 에너지를 얼마나 많이 표출하는가? 당신의 사회적 극단, 즉 타인과 공유하는 사적 영역(당신이 남들에게 말할 수 있는 자신의 가장 내밀한 것)에 대해 생각해 보라. 영적으로 강하다는 말은 우리가 누구와 교류하든지 자신의 진정한 자아에 충실하다는 것을 의미한다. 당신은 자기 자신 속으로 얼마나 깊이 들어가는가? 당신은 내면의 악마와 마주할 수 있는가?

대답을 듣고 싶다면
눈을 감고
내면을 들여다보라.

내면 ▷

많이 느끼고 적게 생각하라

앞에서 돌 고르는 법(78~79쪽)을 설명할 때 나는 직관(본능)의 중요성을 언급했다. 창조성에 관한 한, 마음은 훌륭한 도구다. 하지만 마음을 혹독하게 채근할 경우 마음은 작동을 전면 중단하고 당신은 한 걸음도 나아가지 못한다.

스톤밸런스를 완성했는데 굉장히 만족스럽다면 오랜 친구처럼 그 옆에 앉아 있어라. 돌들이 하는 말에 귀를 기울이고, 이 순간이 당신에게 무슨 말을 하려고 하는지 들어봐라. 그런 다음에는 당신이 그 스톤밸런스를 통해 무엇을 표현하고자 하는지를 생각해 보라. 여러 개의 돌을 단단하게 결합시킨 당신의 에너지를 느낄 수 있는가?

그 돌들은 바로 지금 당신에게 선택되기 위해 수십억 년을 기다려 왔다. 어릴 적 처음으로 돌 하나를 집어 든 이래로 당신이 걸어온 모든 걸음이 당신을 이 돌들에게로 이끌었다. 여기 이 지점에서 모든 길이 합쳐진다.

여기에 지금 우리가 있다.

호흡하라.

연습 》 손을 펴고 가슴을 열기

스트레스와 불안, 슬픔, 우울은 단단히 움켜쥐는 것, 한계에 속박되는 것에서 생겨난다. 이에 반해 진정한 행복은 한계를 모른다.

손은 가슴으로 통하는 입구이므로 이 간단한 연습을 통해 스트레스를 없애고 풍요의 문을 열 수 있다.

- 주먹을 꽉 쥐어라.

- 숨을 들이쉬면서 당신의 불안과 슬픔을 꽉 쥔 주먹에 전부 밀어 넣어라(너무 세게 밀어 넣지는 말 것).

- 숨을 내쉬면서 주먹을 펴라. 불안과 슬픔이 빠져나가는 것을 느껴보라.

- 숨을 들이쉬면서 당신의 고통을 주먹 속에 한 번 더 밀어 넣어라.

- 숨을 내쉬면서 주먹을 펴고 고통을 내보내라.

- 세 번째 호흡할 때는 조금 달라진다. 손을 그대로 편 채 숨을 들이쉬어라.

- 숨을 내쉬면서 고통을 내보내라.

- 두 손을 활짝 펴고 계속 호흡하라.

'yes'라는 가능성에 자신을 열기 시작하면 당신은 더 이상 의심에 갇혀 매 순간 스스로를 제한하는 일이 없을 것이다. 그럴 때 당신은 진정한 창조성을 경험한다. 한계가 없는 자유의 에너지가 당신을 에워싸고, 당신은 인생 여정에서 자유롭게 성큼성큼 나아갈 것이다.

생각이 현실을 만든다.
생각이 한계를 만든다.

◁ 한계

상급 스톤밸런싱

93~95쪽의 삼각형 기법을 이용해서 간단한 스톤밸런스를 몇 개 완성해 보았다면 이제 조금 수준 높은 작품을 시도해 봐도 좋다. 먼저 기본에 충실하면서 견고한 토대를 쌓아라. 토대가 튼튼해야 복잡한 구축물을 지탱할 수 있다.

우리의 한계를 확장하는 모든 활동이 그렇듯이, 상급 스톤밸런싱도 위험도가 훨씬 높다. 정서적으로도, 신체적으로도 그렇다. 몇 시간이나 애썼는데 단번에 무너지고 완성이 요원하면 좌절감이 극에 달하고, 돌을 쌓는 과정에서 몸을 다치기도 한다. 다행히 나는 지난 몇 년 동안은 스톤밸런싱을 하면서 다친 적이 없고 환경도 해치지 않았다. 〈별먼지〉(59쪽)를 만들다가 손에 큰 돌이 떨어진 적이 있기는 하지만, 통증이 가시자마자 계속 시도했고, 마침내 그 스톤밸런스가 똑바로 서는 순간을 맞이했다. 내 상상을 현실 세계로 옮겨놓는 일을 막을 수 있는 건 아무것도 없었다.

대체로 작업이 고될수록 무너질 지점을 더 쉽게 간파하게 되고, 그 결과 위험을 피할 수 있다. 경험 부족과 아이디어에 대한 집착이 부상을 초래한다. 집착을 버리고 그때그때 돌이 어떻게 반응하는지를 느껴야 한다. 돌들이 서로 어떻게 협력하는지를 알면 수준 높은 새로운 기술이 발휘되기 시작한다.

사고의 원인은 돌이 아닌 당신에게 있는 경우가 많다. 그러니 당신의 문제를 해결해야 한다. 전화 통화를 하면서 돌을 쌓으면 집중력이 떨어져서 어느 순간 돌이 당신 쪽으로 무너질 가능성이 크다. 당신은 자기 행동에 책임을 져야 하고, 상황이 상상한 것과 조금씩 어긋날 때도 그 결과에 책임을 져야 한다.

상급 스톤밸런싱을 하려면 돌들이 맞싸우는 지점이 어디인지를 알아내서 그 약한 지점을 바로잡아야 하며, 모든 돌이 딱 들어맞아 균형을 잡을 때까지 그 과정을 반복해야 한다. 돌들이 일단 곧게 서면 손을 떼고 뒤로 물러나서 숙고해 보라. 한 번 호흡하면서 그 순간 당신의 에너지를 확인하라.

- 이 스톤밸런스에 만족하는가? 그것은 당신의 내적 에너지를 비추는 거울이다.

- 이 스톤밸런스를 당신이 실제로 해낼 수 있는 수준까지 밀고 나갔는가? (나는 매일 이 난제와 싸운다. 현실의 스톤밸런스가 내 상상 속의 작품과 일치하는 지점에 이를 때까지 나를 밀어붙인다. 그러고 나서 상상과 현실이 만난 것에 만족해한다.)

스톤밸런싱을 시도할 때마다 나는 그 독특한 균형이 실제로 어떻게 작동하는지에 대해 더 많이 배운다. 경험은 최고의 스승이다. 시도하고 실패하고 끝내 성공하는 과정을 반복하면서 당신은 배우고 성장할 것이다.

나의 상상을 믿을 때

나는 자유롭다.

존재하다 ▷

상급 기법

여기서 소개하는 상급 기법들은 모두 93~95쪽의 삼각형 기법에 기반한 것으로, 돌들을 조합하는 방식이 조금씩 다를 뿐이다.

스톤밸런스는 모두 동등하다

- 창조된 스톤밸런스는 하나같이 동등하다는 사실을 잊지 말아야 한다. 나의 스톤밸런스는 당신의 스톤밸런스와 동등하고, 나의 첫 번째 스톤밸런스는 마지막 스톤밸런스와 동등하다. 1개의 돌로 쌓은 스톤밸런스는 수천 개로 쌓은 스톤밸런스와 동등하다. 복잡한 스톤밸런스가 '더 좋아' 보이겠지만 그것도 가장 기본적인 스톤밸런스와 똑같은 돌들로 완성된 것이다. 대상을 좋다 나쁘다, 옳다 그르다로 판단하고 싶겠지만 모든 것이 전체의 한 부분으로서 서로 연결되어 있음을 알아야 한다.

- 모든 돌이 애초부터 동등하다면 인간도 그렇지 않을까? 자신과 타인을 향한 판단을 내려놓자. 우리는 각자 유일무이하고, 그렇기에 모두 동등하다.

예고
△

연습 》 작은 돌 위에 큰 돌

// 1단계: 가장 작은 돌로 시작하라.

// 2단계: 그 위에 조금 더 큰 돌을 올리고, 크기순으로 계속 쌓아라.

이렇게 쌓다 보면 스톤밸런스의 약한 지점들이 더욱 예민해진다. 큰 윗돌이 작은 밑돌 위에서 균형을 잡으며 딛고 설 면적이 작기 때문이다. 더욱 세심하게 살피고 천천히 조심스럽게 작업하라. 일단 돌들이 제자리에 들어맞으면 무거운 윗돌은 작은 아랫돌들이 흔들리지 않도록 걸어 잠그는 역할을 한다.

"자기계발, 치유요법, 명상에 빠져 있거나
그저 마음을 비우게 도와줄
새로운 취미가 필요하다면
스톤밸런싱을 해보세요.
기본적인 돌쌓기는 신기할 정도로 배우기 쉽고,
나날이 기술이 늘기 때문에
누구든지 어떤 수준에든 도전할 수 있습니다."
JOSEPH

상
승
◁

연습 》 가장 높이

당신은 어디까지 손이 닿는가? 나는 까치발로 서서 팔을 위로 쭉 뻗었을 때 손끝이 닿는 높이까지 돌을 쌓는다.

// 1단계: 스톤밸런스의 토대와 중간 높이까지는 무거운 돌을 놓아라.

// 2단계: 그 위로는 그보다 작은 돌들을 계속 쌓다가 손톱 크기만 한 돌로 마무리
   하라.

맨 밑에 크고 무거운 돌을 놓고 맨 위에 자그마한 돌을 놓으면 훌륭한 대비를 이루어 보기에 좋다. 이렇게 높이 쌓다 보면 스톤밸런스가 흔들리기 시작하는 시점이 있다. 이 단계에서는 돌을 추가할 때마다 조심하라.

극단까지 가라.
심호흡을 한 번 하고 뛰어올라라.
신기하게도 곧바로 바람이 불어와서
당신의 날개를 떠받치고
당신이 지금까지 상상했던 것보다
훨씬 멀리, 훨씬 높이 데려갈 것이다.
고개를 돌려 수평선을 보라.
거기에서 나와 당신이 만날 것이다.

◁ 도약

연습 ≫ 멀티-밸런스

견고한 스톤밸런스 하나가 완성되면 나는 그것의 가장 튼튼한 부분에 규모가 조금 작은 스톤밸런스를 몇 개 추가해서 완성하기를 즐긴다.

△ 의도

//1단계: 삼각형 기법을 이용해서 2개의 돌로 기본적인 스톤밸런스를 만들어라.

//2단계: 맨 위에 넓적한 돌을 놓는다. 그러면 스톤밸런스가 T자 모양이 된다.

//3단계: 넓적한 돌의 양 끝에 자갈들을 쌓아 작은 스톤밸런스를 2개 만들어라. 한 손으로 하나씩 맡아서 정확히 동시에 쌓아야 할 수도 있다.

연습 》 엇갈린 밸런스

다음의 기법으로 지그재그 모양의 스톤밸런스를 완성할 수 있다.

△ 믿음

//1단계: 기반돌을 놓은 후 그 위에 삼각형 기법을 이용해서 두 번째 돌을 올려 놓아라(93~95쪽 참고).

//2단계: 그 위에 세 번째 돌을 균형을 잡아 놓은 다음, 오른쪽이나 왼쪽으로 살짝 기울여서 균형을 깨뜨려라. 손으로 붙잡고 있어야 할 만큼 돌을 기울여야 한다.

//3단계: 세 번째 돌의 윗면을 손가락으로 눌러 보면서 그 돌이 딱 들어맞은 지점을 찾아라.

//4단계: 손가락으로 눌러서 찾아낸 바로 그 지점 위에 네 번째 돌을 놓아라.

네 번째 돌의 무게는 당신이 세 번째 돌을 손가락으로 누를 때 가한 압력과 똑같아야 한다. 그래야만 손가락의 압력을 네 번째 돌의 무게로 대체할 수 있다.

연습 》공간 만들기

파도가 긴 세월에 걸쳐 거친 돌을 매끄럽게 바꾸는 것을 보면 진정한 일관성에는 끈기가 필요하다는 생각이 든다. 임시방편은 통하지 않는다. 뭔가 대단한 것을 창조하기 위해서는 일련의 수많은 작은 순간들이 필요하다. 공간을 만드는 이 간단한 기법은 내게 스톤밸런싱이 무엇을 의미할 수 있는지 탐구하게 해주었다. 이 기법을 적용할 때 나는 돌들 사이의 공간을 새로운 관점으로 통하는 입구라고 생각한다.

△ 일관성

//1단계: 스톤밸런스를 수직으로 세우지 말고, 돌들을 약간 비스듬히 놓는다. 그러면 돌들 사이에 공간이 생긴다.

//2단계: 돌을 다른 돌에 기대 세워서 그것들이 서로에게 의지해 스스로 균형을 잡게 하라.

이는 스톤밸런스의 강도를 높이는 훌륭한 방법이다. 돌들이 맞닿은 각 지점이 작은 삼각형의 일부를 이루며 균형을 잡기 때문이다.

연습 》 다리

몇 차례 성공하고 나면 돌다리 만들기는 아주 쉽다.

// 1단계: 돌을 찾아 쌓기 시작하라.

적당한 거리를 두고 떨어져 있는 2개의 큰 돌을 찾아라. 그 사이에 끼워 넣을 돌
들의 압력을 견딜 만큼 무거운 돌이어야 한다. 그런 다음, 그 2개의 돌 사이에 들
어맞을 V자 모양의 작은 돌을 여러 개 모아라. 당신의 위치를 잡는다. 옆에서 쌓
는 게 아니라 다리를 벌린 자세로 정면에서 쌓을 수 있는 자리여야 한다. 첫 번째
V자 돌에서 삼각형을 찾아내고 천천히 압력을 가하면서 제자리에 놓아라. 손을
떼면 돌이 떨어질 테니 그대로 붙잡고 있어야 한다.

// 2단계: 돌을 '조이듯이' 꼭 맞게 끼워나가며 수직이 아닌 수평으로 쌓아라.

비어 있는 손으로 두 번째 돌을 들고 첫 번째 돌 위에 주의 깊게 놓아라. 이 돌을 돌
려가며 삼각형의 세 점을 찾아서 딱 들어맞는 자리에 놓는다. 한 손으로 돌을 세게
눌러보며 튼튼하게 맞물린 지점을 찾아낸 다음 새로운 돌을 1개씩 집어서 그 지점
에 놓는데, 그러는 내내 다른 손으로는 앞서 놓은 돌들을 가볍게 받치고 있어야 한
다. 단단히, 그러나 부드럽게 받쳐 들어라.

//3단계: 다리를 완성하고, 움직이는 부분을 확인하라.

2개의 큰 돌을 잇는 다리를 80퍼센트쯤 얼추 완성하면 V자 모양의 작은 돌 두어 개를 남은 공간에 딱 맞게 밀어 넣는다. 돌다리를 받치고 있던 손을 조금씩 놓아라. 그러면 돌들이 자리에서 빠져나오려고 몸을 뒤트는 곳이 눈에 띌 것이다. 그 돌들을 반대 방향으로 비틀어서 전체를 단단히 고정하라.

//4단계: 원한다면 계속 쌓아라.

다리를 완성하고도 계속 돌을 쌓고 싶다면 다리의 윗부분을 가볍게 톡톡 두드려가며 튼튼한 지점을 찾아내라. 그곳이 충분히 튼튼하다면 그 위에 돌을 더 쌓을 수 있다.

한 걸음 더

예전에는 하기 어려웠던 일들을 이제 나는 쉽게 해낸다. 기회는 전투와 같아서 모든 것이 제자리에 딱 들어맞는 마지막 순간까지 싸워야 한다는 것을 배웠다.

지금까지 소개한 상급 기법들을 조합해 보라. 공간을 가진 어긋난 스톤밸런스를 높이 쌓아보는 건 어떨까? 돌다리 위에 멀티-밸런스를 쌓으면? 모든 것이 가능하다. 나의 세계로 들어온 것을 환영한다.

▷ 평안

미래는 아직 오지 않았다.
존재하는 것은 이 순간뿐이며,
믿음은 당신이 이 순간을
헤쳐나가게 해준다.

사진 찍기

나는 항상 학생들에게 그들의 작품을 사진으로 남겨두면 좋다고 이야기한다. 하지만 사진을 찍기 전에 먼저 해야 할 일이 있다. 그 경험 전체의 세세한 부분들, 주변에서 나는 냄새나 소리 같은 것들에 실제로 주의를 기울여야 한다. 휴대전화나 카메라로 사진부터 찍으려고 서두르지 말고, 먼저 그 순간 속에 온전히 존재하라.

때로는 스톤밸런스를 완성하기까지 무진장 고생을 해서 마지막 돌이 드디어 제자리에 들어맞자마자 곧바로 카메라를 꺼내 들고 사진을 찍고 싶을지도 모른다. 그러면 만사 제쳐두고 완벽한 구도와 각도에만 집착하게 될 위험이 있다. 스톤밸런스가 태어난 황금의 순간을 즐기지 못하는 것이다.

내 경우에는 특정 스톤밸런스가 실재했다는 사실을 기록하기 위해 얼른 사진을 찍어야 할 때가 있다. 그럴 때도 나는 잠깐 시간을 갖고 먼저 뿌듯한 마음으로 천천히 호흡을 하고 그 스톤밸런스가 바람에 쓰러지는지 버티는지를 알아본다. 만약 쓰러지면 더욱 견고하게 다시 쌓는다. 변화무쌍한 바람에도 꿋꿋하게 버티면 그제야 사진을 찍기 시작한다.

사진을 찍을 때는 돌들의 윤곽이 닿는 지점에 걸리는 물체가 하나도 없도록 배경을 잡는다. 그리고 때와 장소가 맞으면 태양이 수평선 너머로 가라앉을 무렵의 놀랍도록 다채로운 빛깔을 담는 것을 목표로 삼는다. 내가 스톤밸런스를 허물고 그곳을 떠나도 사진은 그 경이로운 순간을 영원히 지속시키고, 나는 그 순간을 당신과 공유할 수 있다.

"돌은 개개인의 비전을
은유적으로 보여줍니다."
CONGHAO

"처음엔 불가능하다 싶었어요.
그러다 어느 순간, 모든 게 '찰칵'하고 맞물렸고,
그래서 그 위에 돌을 하나 더 쌓아
균형을 잡았죠. 그건 마법이었어요."
TRUC

내 사진들에는 보는 사람에게 평화로운 순간을 주려는 의도가 담겨 있다. 혼돈과 소음 속에서도 명료하게 깨어서 존재하는 순간. 그러나 사진은 이 균형 잡힌 구축물 바로 앞에 실제로 서 있는 그 경이로운 순간에 비할 것이 못 된다. 사진은 실제 경험의 부산물에 불과하다. 하지만 실제 경험 이후에 사진을 보는 것은 또 하나의 경험이 될 수 있다.

한계를 넘어서

이 장에 소개된 상급 기법들을 즐기듯 실험해 보고 당신의 한계를 계속 시험해 보기 바란다. 한 번에 돌 1개씩 시도하면서 당신의 스톤밸런스가 완전히 새로운 수준에 이를 때까지 밀고 나아가라. 굉장한 스톤밸런스를 완성하고 나면 그것을 그 자리에 영원히 놔두고 싶은 욕심이 생길 수 있다. 가장 어려운 것 중의 하나가 내려놓기이다. 그러므로 다음 장에서는 내려놓기에 대해 다룰 것이다.

한계 요점

- 모든 순간이 새로운 시작이다.

- 한계를 설정하는 믿음을 내던지고 당신의 진짜 극단을 알아내라. 극단에 이르렀다고 생각될 때 돌을 1개 더 올려놓아라.

- 진짜 극단에 이르렀다면 그것을 인정하라. 당신은 소중하다. 지금 그대로 충분하다.

6장

내려놓기

끊임없는 변화

현실 세계에서 확실하게 장담할 수 있는 것은 단 한 가지다. 모든 것은 변한다는 것이다. 우주 만물은 끊임없이 변화하고 있다. 산은 대지에서 솟고 수천 년에 걸쳐 서서히 무너지며 거대한 바위가 된다. 바위는 쪼개져서 돌이 되고, 돌은 부서져서 자갈과 모래가 된다. 수많은 세월 동안 부딪히고 구르고 깎이면서 거친 돌은 점차 매끄러워지고, 네모난 바윗돌도 결국에는 둥글어진다. 시간이 흐르면서 거대한 바위는 흙이 되고, 흙은 단단하게 뭉쳐서 새로 바위가 된다.

자연 속에서 나는 훨씬 더 극적이고 갑작스러운 변화를 여러 번 목격했다. 동굴이 무너지는 장면을 보았고, 산사태로 걷잡을 수 없이 쏟아지는 진흙더미에 나무들이 뿌리째 뽑히고 부러진 나뭇가지들이 해변의 자갈밭 위로 흩뿌려지는 모습을 보았다. 홍수로 삽시간에 불어난 강물이 협곡을 무섭게 휘돌아 흐르고 내 고향 마을이 물에 잠길 뻔한 것을 보았다. 눈과 비, 밀물과 썰물 같은 자연현상들은 날마다 풍경을 바꾼다. 우리의 환경은 항상 변하고 있다.

매일 아기가 태어나고, 매일 누군가가 죽는다. 오고 가고, 생하고 멸하고, 붙잡고 내려놓는다. 이렇게 영원히 돌고 돈다. 우리는 변화를 막지 못한다. 하지만 변화를 받아들이는 것을 배우고 집착을 내려놓음으로써 도움을 얻을 수는 있다.

- 지금까지 수업해 오면서 내가 가장 감동했던 순간 중 하나는 네팔의 불교 수행자 다지에게 스톤밸런싱을 가르칠 때였다. 미국을 방문 중이던 그는 간단한 설명을 들은 후 직접 스톤밸런싱을 시도하면서 참으로 즐거워했다.

- 다지는 순수한 기쁨(백색광 같은 순백의 기쁨) 속에서 돌을 쌓기 시작했다. 그를 지켜보는 것은 우리 은하의 중심과 손을 맞잡은 붓다를 보는 느낌이었다. 그는 엄청난 우주 에너지와 교감하고 있는 것 같았다.

- 그날 강가에서 다지의 말을 듣고 나는 이 한 순간 속에 모든 것이 들어 있음을 분명히 알게 되었다. 그의 고향 네팔에서는 어린아이들이 집으로 돌아가는 것을 이렇게 표현한다고 한다. "모든 강은 바다로 흘러간다."

- 이런 통찰은 소중하다. 모든 강이 바다를 향해 흐른다는 것을 안다면 당신은 당신과 다지와 내가 모두 같은 곳을 향해 가고 있음을 알게 될 것이기 때문이다. 우리는 모두 같은 대지에서 생겨났고 같은 공기를 호흡하고 있다.

- 우리가 만드는 스톤밸런스는 모두 완벽하게 유일무이한 것이지만 더 큰 단일체의 일부이기도 하다. 이 무한한 우주 에너지와 손잡아라. 당신이 집착을 내려놓으면 그 에너지가 당신을 이끌 것이다.

우주와 손잡기

무집착의 자유

영성을 추구하는 사람들이 대부분 그렇듯이, 불교도는 집착하지 않음을 수행한다. 무집착non-attachment은 모든 것은 반드시 변하며 태어난 것은 모두 죽는다는 진리를 받아들인다.

내려놓기에 대한 두려움은 여전히 많은 사람들에게 하나의 문제다. 하지만 앞에서 보았듯이 우리가 두려움에 맞설 때 두려움은 힘을 잃는다. 집착하지 않는다는 말은 정서적으로 냉담하거나 매정하거나 무관심하다는 뜻이 아니다. 무집착은 두려움이나 자만 같은 감정들을 다른 방식으로 다루는 것을 의미한다. 무집착을 수행할 때는 감정이 일어났다가 금세 사라진다는 것을 깨닫고, 감정이 일어나면 그냥 알아차린 다음에 흘러가게 둔다. 비눗방울이 바람에 실려 날아가듯이.

무집착은 또한 기대를 내려놓고 세상을 새로운 관점에서 보는 것을 의미한다. 그 관점은 우리로 하여금 자신이 보고 싶은 모습에 대한 집착을 버리고 세상을 있는 그대로 볼 수 있게 해준다. 이와 똑같이, 스톤밸런싱을 할 때 우리는 자신이 실제로 만든 작품을 있는 그대로 받아들이는 법을 배운다. 처음 시작할 때 만들 수 있다고 생각했던 형태에 집착하지 않는다.

우리는 도움이 필요한 대상에게 연민을 느끼고 흔쾌히 앞장서서 돕지만, 무집착은 우리가 그 결과를 통제하려고 애쓰는 일을 멈추게 해준다. 특정 목표에 대한 집착을 내려놓음으로써 우리는 마지막 숨을 내쉴 때, 삶 자체를 내려놓아야 할 때를 준비할 수 있다.

인생이라는 강물 속으로 들어가기 위해 타인과 결과와 벌어진 일을 통제하려는 노력을 내려놓아라. 호흡을 자각하고 당신의 영혼이 인생의 강을 따라 당신을 이끌게 하라. 기대는 내려놓고 선한 의도를 가지고 살아가라.

지금 당신의 인생이 썩 만족스럽게 흘러간다면, 이 순간을 즐겨라. 당신은 풍요로 통하는 길을 찾아냈으며 스스로가 몹시 대견하고 마음에 든다. 당신의 밝은 에너지에 이끌리는 다른 사람들과도 무척 사이가 좋다. 그리고 그 에너지는 덤으로 물리적 풍요라는 선물을 끌어온다.

이 황홀한 도취가 영원할 것 같지만 이것도 지나간다. 기회는 사라지고, 사람들은 멀어진다. 때로는 당신의 에고가 지나치게 강해지고, 주변 사람들에게 상처를 주기도 한다. 지극한 행복이 사라지기 전에 이 순간을 마음껏 즐겨라. 행복은 영원하지 않다.

반면에 지금 당신의 인생이 엉망진창으로 흐르고 있다면, 그렇더라도 이 순간을 즐겨라. 승리의 순간은 당신이 거기에 이르기 위해 얼마나 멀리서부터 왔어야 했는지를 알고 있을 때 훨씬 더 짜릿하다. 지금처럼 암울한 순간에는 자신에게 연민을 느끼는 일이 중요하다. 어느 순간도 영원하지 않다. 당신은 절망과 고통을 넘어 성장할 수 있다. 한 걸음 한 걸음, 한 호흡 한 호흡. 호흡을 자각하며 변화의 물결이 이끄는 대로 흘러가라.

연습 》 주머니 속의 돌

양손이 가득 차면 새로운 것을 잡지 못한다. 어째서 당신은 부정적 감정이라는 무거운 돌덩이를 주머니에 넣은 채 평생을 보내는가? 이 간단한 연습은 당신을 무겁게 짓누르는 것을 효과적으로 없애준다.

- 당신의 주머니에 딱 맞게 들어갈 만한 무거운 돌을 찾아라.

- 주머니에 넣기 전 그 돌에 주의를 기울여라. 당신의 인생에서 이제는 당신에게 전혀 도움이 되지 않는 것(사람, 취미, 직업 등)을 생각하라.

- 현재의 감정을 그 돌에 쏟아 넣으며 3~15차례 호흡하라(그 감정은 절망일 수도 있고, 분노나 불안, 슬픔 혹은 배신당한 헌신일 수도 있을 것이다).

- 돌을 주머니에 넣고 타이머를 최소한 1시간 이상으로 설정하라.

- 당신을 괴롭히는 그 감정을 없앨 준비가 되었다고 느껴지면 주머니 속의 돌덩이를 버릴 적당한 장소를 찾아라.

- 돌을 주머니에서 꺼내서 그곳에 내려놓고 숨을 내쉬며 이렇게 말하라. "고마워."

- 새로운 공기를 들이쉬며 앞으로, 새로운 순간으로 나아가라.

- 이 연습을 필요한 만큼 반복하라.

호흡을 자각하며
변화의 물결이 이끄는 대로
흘러가라.

주머니 속의 돌 ▷

흔적 남기지 않기

하나의 스톤밸런스는 한 번의 자각을 상징한다. 이 세계는 한순간 동안만 우리 것이다. 조상들이 그랬듯이 이 순간이 지나면 우리도 이 세계를 다음 세대에게 물려주어야 한다. 스톤밸런스를 만든 사람은 당신이 처음도 아니었고 마지막도 아닐 것이다. 우리 이전에 많은 세대가 있었듯이 우리 이후에도 많은 세대가 있다. 새로운 세대는 돌 위에 돌을 쌓는 단순한 행위에서 즐거움을 발견할 것이다. 짙은 안개 속에서 배가 무사히 항해하도록 안내했던 해안의 돌무더기처럼, 우리의 스톤밸런스도 우리 모두를 연결하는 긍정적인 에너지 쪽으로 다른 사람들을 이끄는 안내자 역할을 할 수 있다. 지구가 우리를 보살피듯이, 이 행성을 보살피는 것은 우리의 임무다.

나는 당신이 스톤밸런스를 만드는 것을 막지 못하고, 당신은 내가 스톤밸런스를 만드는 것을 막지 못한다. 하지만 우리는 환경이 훼손되지 않도록 책임감을 갖고 스톤밸런스를 만들어야 한다. 스톤밸런싱에 반대하는 많은 환경론자들이 내게 불만을 토로했다. 환경을 존중하는 동시에 영적이고 긍정적인 보상을 주는 스톤밸런싱을 계속할 수 있는 해결책을 마련하고자 나는 그들의 염려에 귀를 기울였다.

스톤밸런스를 순수 예술 작품이 아닌 이정표로 사용할 경우에 따라야 할 모범적인 지침을 소개한다. 환경 전문가들과의 수많은 대화 끝에 나온 이 지침을 따른다면 야외에서 자연을 해치지 않고 스톤밸런싱을 할 수 있다.

다들 알겠지만, 징기적으로는 이정표든 작품이든 아예 남기지 않는 것이 최선이다. 당신이 경험이 풍부한 트래킹 가이드라면 자신이 어디로 가고 있는지를 훤히 알 것이다. 발자국 말고는 어떤 표시도 남길 이유가 없다.

• = 이정표 / 스톤밸런스

최악:

•   •   •   •   •   •

차선:

•   •

최선:

그렇다면 단기적으로는 어떨까? 나침판을 보는 것과 매우 흡사하게, 방향(정신적 방향이든 물리적 방향이든)을 제대로 잡기 위해 당신에게 아주 잠깐 이정표가 필요하다면? 이 경우에 이정표는 잠깐 방향을 일러주는 손끝이 된다. 스톤밸런스는 이 손끝을 상징한다고 나는 생각한다.

새로운 스톤밸런스를 완성할 때마다 나는 내면의 나침판을 꺼내서 다음 목적지의 방향을 찾고 있는 것이다.

당신이 돌을 선택하는가,
돌이 당신을 선택하는가?

스톤밸런스는 모두 질문에서부터 시작된다. 그리고 뒤로 물러서서 완벽한 균형에 이른 황금의 순간을 지켜볼 때 나는 만족스러운 답변을 얻는다.

나는 그 장소를 떠나기 전에 항상 내가 세운 스톤밸런스를 허물고 돌들을 주워온 곳에 전부 도로 가져다 놓는다. 내가 거기에 머물다 갔다는 사실을 아무도 모를 것이다. 그 황금의 순간은 내가 찍은 사진으로만 흔적을 남긴다.

마무리하기

- 스톤밸런싱을 끝낼 때마다 숨을 내쉬며 속으로 말하라. "고마워." 그리고 당신이 정말로 주의 깊게 균형을 맞춰 쌓았던 돌들을 허물어라. 극도의 좌절감을 안겨준 스톤밸런싱 경험도 당신 자신에 대한 자각을 보상으로 안긴다.

- 돌들이 바닥으로 떨어지면 그것을 전부 원래 있던 자리로 돌려보내라.

- 책임감을 갖고 스톤밸런스를 완성해라. 그러면 그 작업은 모래성을 쌓는 것과 똑같아서 주변 환경에 영구적인 영향을 미치지 않는다. 그 형태는 일시적이어야 하며 사용한 자연의 재료들은 항상 원래 상태로 돌려놓아야 한다.

논쟁

책임감 있는 이들은 그들의 스톤밸런스가 풍경 속에 아무 흔적도 남기지 않도록 조치한다. 사실이 그런데도 스톤밸런싱의 적법성에 대한 논쟁이 끊이지 않는다. 이곳 미국에서 스톤밸런싱에 강력하게 반대하는 사람들은 빠짐없이 나를 찾아오는 것 같다. 나는 그들이 하는 말을 모두 들었다. 스톤밸런싱이 지구를 파괴한다며 다짜고짜 내게 고함을 지르는 사람들은 내가 지구를 얼마나 정성껏 돌보는지를 알지 못한다.

낚시꾼들은 내가 물고기 서식지를 망가뜨린다고 비난한다. 그러면서 정작 그들은 강에서 물고기를 잡아먹고 강가를 따라 차를 몰고 다니며 매연을 내뿜는다. 스톤밸런싱을 할 때는 물고기를 잡아먹을 필요도 없고, 자동차도 필요 없다. 학생들과 나는 지구를 해치지 않고 동물의 서식지를 망가뜨리지 않도록 항상 주의한다.

이 문제에 대해 따지자면, 우리가 사는 집도 자연 서식지 위에 지어진 것이다. 공장한 곳이 지금까지 세워진 스톤밸런스를 전부 합친 것보다 훨씬 많이 환경을 훼손한다. 우리가 지구를 매일매일 얼마나 많이 손상시키는지를 먼저 인정해야만 우리가 입힌 상처를 치유하기 시작할 수 있다. 한 호흡 한 호흡, 상처가 치유된다.

미국 연방법에 따르면, 내가 국립공원에서 스톤밸런싱 워크숍을 여는 것은 불법이다(상업적인 목적의 스톤밸런싱은 허가가 나지 않을 것이다). 그래서 나는 사유지에서 워크숍을 진행해야 한다.

야외에서 스톤밸런싱을 할 생각이라면 먼저 당신이 사는 지역의 관련 법률을 반드시 확인해야 한다. 나라마다 규성이 다르기 때문이다. 외국의 팬들에게서 메시지를 받을 때 나는 그 나라에서 스톤밸런싱이 불법인지 합법인지 알고 있는지를 종종 묻는다. 당연히 합법이라는 답변이 대다수였다. 하지만 당신의 안전을 위해 부디 철저히 확인하라.

내가 이 책을 쓴 의도는 스톤밸런싱 예술의 이면에 숨겨진 개념들을 알리기 위해서이다. 나는 우리를 둘러싼 세계를 존중하고 자연과 영적으로 연결되는 방법을 다른 사람들에게 알려주고 싶다. 자아와 자연이 영적으로 연결될 때 우리는 자신을 속박하고 있는 것을 풀어버리고 더 나은 인간으로 진화할 수 있다. 하지만 스톤밸런싱을 할 때는 반드시 책임감을 가져야 한다.

내려놓기 요점

- 자연 속에서 스톤밸런싱을 했을 때는 반드시 작품을 허물어서 모든 것을 원래대로 돌려놓은 후에 떠나야 한다.

- 허물 때 숨을 내쉬면서 이렇게 말하라. "고마워."

- 살아가는 동안 순간순간 내려놓기를 연습함으로써 우리는 삶 자체를 내려놓아야 하는 마지막 시험을 준비할 수 있다.

7장

진화

당신이 되고자 하는 모습에 대한 집착을 내려놓고
있는 그대로의 당신을 받아들여라.

일곱 번째 단계

숨을 쉴 때마다, 걸음을 디딜 때마다, 돌을 쌓을 때마다 우리는 진화한다. 첫걸음이 가장 중요하다. 그것이 여정의 나머지 모든 걸음으로 이어지기 때문이다. 그렇다면 첫걸음을 어떻게 내디뎌야 할까? 지금까지 우리가 이야기한 모든 것을 이용함으로써 첫걸음을 뗄 수 있다.

1. 호흡을 자각하라.

2. 기회를 적극적으로 받아들여라.

3. 자신을 믿어라.

4. 몸과 마음과 영혼의 균형을 잡아라.

5. 한계에 도전하라.

6. 내려놓아라.

일곱 번째 단계는 진화하는 것이다. 실제로 우리는 진화하는 것 말고는 할 수 있는 게 없다. 변화만이 유일하게 확실한 것이기 때문이다. 하지만 우리가 앞으로 나아갈 때 무엇에 초점을 맞출지를 결정하는 주체는 우리 자신이다.

내 경험에 비춰볼 때 이것만큼은 분명하게 말할 수 있다.

- 긍정적인 것에 초점을 맞추면 긍정적인 결과가 따른다.

- 부정적인 것에 초점을 맞추면 부정적인 결과가 따른다.

이 원리가 끌어당김의 법칙Law of Attraction, 즉 생각이 결국 현실이 된다고 주장하는 보편적 원칙의 토대이다. 생각이 현실이 된다는 말은 우리가 무엇을 상상하고 마음에 새기든 그것이 열매를 맺는 데 필요한 행동을 취한다면 무엇이든지 이룰 수 있다는 뜻이다. 이 법칙에 따르면, 감정은 의식의 파동이다. 두려움과 사랑은 파동이 다르다. 유머와 오만은 약간 다르게 진동하고, 친절과 분노도 다르게 진동한다. 모든 감정이 우주와 함께 진동하며 우리를 향해 특정 경험들을 끌어당긴다.

연습 》끌어당김

우리 머릿속에는 우리더러 아직 부족하다고 비난하는 목소리가 살고 있다. 그 부정적인 목소리를 잠재우기 위해 나는 가슴이 말을 하도록 둔다.

머리는 가슴보다 항상 목소리가 크지만, 가슴이 하는 말이 항상 옳다. 가슴에게 말을 시키고 귀를 기울여라. 가슴이 긍정적인 에너지를 가지고 머리를 이끌 때 끌어당기는 힘이 강해지기 시작한다.

당신이 원하는 것을 끌어당기는 방법은 다음과 같다.

- 먼저 당신이 끌어당기고 싶은 것이 무엇인지 진지하게 생각해 보라. 이 속담을 꼭 기억하라. "뭔가를 원할 때는 조심해, 자칫하면 그게 현실이 될 수도 있으니까."

- 준비가 되면 생각을 잠재우고 호흡을 자각하라.

- 긴장을 풀고 이 순간 속에 존재하라.

- 준비가 되면 우주를 향해 당신이 끌어당기고 싶은 것을 말하라.

- 일상생활을 할 때 그것이 이미 당신 것이 되었다고 믿어라. 기회가 찾아오면…… 의심하지 말라.

- 행동하라. 수동적으로 기다리지 말고 필요한 행동을 취해서 당신이 원하는 것을 끌어당기고 운명을 이루어라.

- 우주가 당신의 소망에 부응할 때 지켜보아라. 우주는 당신을 시험하고 있는가, 아니면 당신에게 보상하고 있는가?

당신이 여정의 어디쯤에 이르렀든지 항상 저항과 거부에 맞닥뜨릴 것이다. 이것은 당신이 실제로 얼마나 믿는지를 알아보기 위한 시험이다. 끌어당기는 힘을 극대화하는 비결이 있다. 항상 굳은 의지를 가짐으로써, 그리고 당신이 추구하는 바가 싸워서 얻을 가치가 있는 것임을 증명함으로써 저항과 거부를 뚫고 전진하는 것이다.

카르마

- 끌어당김의 법칙은 '카르마(karma)'라는 개념과 밀접하게 연관된다. 다양한 영성 단체에서 수용하는 이 개념에 따르면, 생각과 감정에는 그것과 일치하는 현실로 바뀌는 힘이 잠재해 있다. 현세가 아니면 내세에서라도 현실이 된다. 이것은 긍정과 부정, 선과 악, 옳음과 그름 간의 자연스러운 흐름을 나타낸다.

- 내가 알기로 카르마는 흔들리는 시계추처럼 긍정적 에너지와 부정적 에너지 사이를 왔다 갔다 한다. 고통스러운 상황은 우리의 긍정적 에너지가 얼마나 깊이 뿌리내리고 있는지를 알아보기 위한 시험이다. 이전 관문을 통과했다고 해서 반드시 다음 관문도 통과할 거라는 보장은 없다.

- 새로운 도전은 모두 우리 자신의 새로운 면을 발견할 것을 요구한다. 당신이 되고자 하는 모습을 내려놓고 있는 그대로의 당신으로 살아가라.

이것이 진짜로 그렇게 간단할까? 내 수업을 들을 때 항상 이렇게 생각하는 사람이 있다. "긍정적으로 생각하라고? 교통사고를 당했거나 암에 걸린 사람은? 배신당한 고통을 어떻게 잊을 수 있어? 내 직업이나 가족의 행복에 대해 어떻게 걱정하지 않을 수 있지?"

역경이 닥치면 때때로 끌어당김의 법칙을 믿기가 어렵기는 하지만, 우리의 생각과 감정 그 너머에는 더 크고 강한 에너지가 작동하고 있다. 이건 사실이다. 태양의 열기를 생성하는 바로 그 우주 에너지가 우리의 폐를 한 모금의 신선한 공기로 채워주려 한다. 스톤밸런스를 수직으로 세우는 것도 그 에너지이며, 과거에 했던 상상을 분명한 현실로 만드는 것도 그 에너지다. 우리 내면에 존재하는 영성을 발견함으로써 그 무한한 에너지와 연결될 때 우리는 가장 크게 성장한다.

오랫동안 긍정적인 의도를 품고 노력한 끝에 지금 나는 내가 줄곧 원했던 예술가가 되었다. 풍요는 이 순간에 항상 분명히 존재한다. 우리가 풍요에 얼마나 많이 열려 있는가가 관건이다.

호흡을 자각하며 이 순간 당신의 피부 속에 있는 에너지를 느껴라. 근육 속의 에너지를 느껴라. 훨씬 더 깊이 들어가서 뼛속의 에너지를 느껴라. 호흡할 때마다 숨결을 당신의 폐 속으로 이끄는 그 에너지가 다음에 일어날 일을 향해 당신을 이끌 것이다. 우리 각각은 그 자체로 항상 풍요로운 더 큰 에너지, 그 자체와 계속 공명하는 더 큰 의식의 일부다.

우리는 하나

진정한 풍요의 비결은 우리가 서로서로 연결되어 있음을 아는 것이다. 우리는 하나다. 지금까지 태어난 모든 인간은 같은 태양의 둘레를 돌아야 했다. 그리고 우리의 아이디어는 특정 개인에게만 한정된 것이 아니라 전체에 속해 있다. 결론적으로, 우리는 같은 근원에서 나왔다.

이런 점에서 볼 때, 우리는 우리의 창조물들을 합한 수보다 많고, 또 한편으로 우리의 창조물들은 우리를 합한 수보다 많다. 창조물들은 제각기 더 큰 의식을 구현하며, 또한 그 의식은 우리 개개인을 통해서 그 자체를 드러낸다.

우리가 영혼으로부터 창조할 때 그 의식의 불꽃은 우리의 작품 속에 계속 살아 있다. 이 의식이 돌을 통해 그 자체를 드러낸 것이 바로 스톤밸런스다. 뒤로 물러나서 마치 서로 손을 잡은 듯이 완벽하게 균형을 잡고 서 있는 스톤밸런스를 볼 때 나는 돌들 사이에서 진동하고 있는 내 안의 그 에너지를 본다.

스톤밸런싱을 마치면 나는 돌들을 전부 대지로 돌려보낸다. 하지만 작품의 아름다움은 여전히 다른 사람들의 상상력에 불을 지필 수 있다. 바다의 일렁이는 수많은 파도처럼, 더 큰 의식의 서로 다른 수많은 물결인 우리는 하나로 연결되어 있고 서로 다정하게 부딪치며 이 순간과 다음 순간에 영향을 미친다.

당신이 영혼으로부터 창조하지 않고 주변 사람들에게 어떤 식으로든 영향을 미치지 못한다면 우리가 구현하는 의식의 불꽃은 소멸할 것이다. 그러니 끊임없이 창조하라. 당신의 아이디어 중 하나는 영원히 살아남을지도 모른다.

우리가 주의를 기울이는 대상은
무엇이든지 성장할 것이다.

◁ 주의

적을수록 풍부하다

인생 여정에서 점차 진화함에 따라 우리는 '적을수록 풍부하다'는 말이 진실이라는 것을 깨닫는다. '사랑해'라는 말을 생각해 보자. 이 한 마디는 두 사람으로 하여금 풍요롭고 충만한 느낌을 주고받을 수 있게 해준다. 평생 나눈 대화를 그 한 마디로 압축할 수도 있다. 하지만 사랑하는 사람과 눈을 맞출 때 그는 당신 감정의 진실성을 단박에 알아차린다. 한 번의 눈 맞춤이 세상의 모든 단어로 표현하는 것보다 훨씬 많은 것을 전달할 수 있다.

효율성은 경제와 경험에 수반되는 선물이다. 경험이 쌓일수록 효율성이 높아진다. 내가 처음 스톤밸런싱을 시도했을 때는 완성하기까지 45분이 걸렸지만 지금은 똑같은 작품을 만드는 데 45초도 안 걸린다. 내가 아주 어릴 적에 처음 신발 끈을 묶을 때는 한참 끙끙거렸겠지만 오늘 아침에는 순식간에 묶은 것과 비슷하다.

일반적으로 어떤 일을 처음 시도할 때는 그것을 한동안 규칙적으로 해왔을 때보다 속도가 세 배 정도 느리다. 어떤 행위를 연습하면 할수록 그 행위의 질은 높아지고 속도는 빨라진다.

스톤밸런싱을 새로 시작할 때마다 나는 특이하고 환상적인 형태를 창조하고 싶어 한다. 예전에는 다음번 스톤밸런스의 형태가 선명하게 상상되는 영감의 순간에 이르기까지 몇 주에서 몇 달이 걸리곤 했다. 지금은 10분 정도의 명상이면 충분하다. 나는 에고의 영향권 밖에서 대기하고 있는 풍부한 상상력을 그 즉시 최대한 활용할 수 있다.

내가 한계를 확장하여 이전에 성취한 것을 뛰어넘으려고 몇 시간 내내 악전고투할 때마다 나는 이 싸움이 일시적이라는 것을 안다. 경험으로부터 배우고 있다면 이 싸움은 단 한 번으로 끝날 것이다. 모든 실패는 우리에게 새로운 뭔가를 가르친다. 더 이상 실패하지 않을 때까지 가르친다. 돌들이 제자리를 찾는다. 쌓아 올린 돌들이 모두 서로 맞물려 완벽한 균형을 이룬다.

가장 완벽한 스톤밸런스도 바람에 맞서 굳건하게 서 있을 수 있어야 한다. 내가 몇 시간에 걸쳐 완성한 스톤밸런스가 바람에 쓰러질 때마다 나는 무엇이 문제였는지를 배운다. 바로 이 부분이 바람에 취약했구나, 하는 통찰을 통해 나는 다음번 스톤밸런스를 훨씬 더 튼튼하게, 훨씬 더 빨리 쌓을 수 있다. 통찰은 진화로 이어진다.

효율성

이 책을 쓸 무렵까지 내가 만들었던 가장 키가 큰 스톤밸런스는 28개의 돌을 가지고 21미터 이상의 높이로 쌓은 것이었다. 분명히 말하지만, 첫 번째 스톤밸런스, 열 번째, 백 번째 밸런스가 던져준 난관을 이겨내지 못했다면 나는 그 거대한 작품을 결코 만들지 못했을 것이다. 이 가장 높은 스톤밸런스를 완성하는 데 2시간쯤 걸렸지만, 앞서 말했듯이 지금은 훨씬 더 적은 시간으로도 충분할 것이다. 내가 새로운 돌을 집을 때마다 이전의 모든 경험들, 열쇠를 돌려 기회를 열었던 그 모든 순간들이 나와 함께한다.

이 여정을 걸어온 모든 걸음이 필요한 것이었다. 가장 잘 전진하는 방법을 재고하기 위해 이따금 물러났던 한 걸음까지도. 실패는 종착지가 아니다. 우리는 실패를 딛고 나아가야 한다. 한 걸음 한 걸음, 한 호흡 한 호흡.

당신의 생각과 감정은
당신의 주위에서
분명한 현실로 나타난다.

◁ 끌어당김

내가 지금까지 수평으로 가장 많이 쌓았던 돌의 개수는 55개였다. 순수한 몰입 상태에서 그 스톤밸런스를 완성하는 데는 1시간도 채 걸리지 않았다. 몰입이란 자기 자신과 시간과 공간을 까맣게 잊을 정도로 자신이 하는 활동에 완전히 빠져든 고도의 집중 상태를 말한다. 그 작품을 나는 〈치유〉(205쪽)라고 불렀고, 그 형태를 보면서 이런 생각을 했다. "나는 한 호흡 한 호흡 고통을 넘어 성장한다." 그것을 만들 무렵, 나는 이별을 겪은 후 정서가 불안정한 상태였다. 그 스톤밸런스는 내가 실제로 무척 강인하며, 시간이 모든 상처를 치유한다는 사실을 일깨워 주었다.

당신이 도전을 중단한다면 난관은 여전히 난관으로 남는다. 그리고 첫 번째 스톤밸런스를 완성한 후 그만둔다면 스톤밸런싱에 결코 능숙해지지 못한다. 물론 당신은 스톤밸런스 하나를 완성했다. 하지만 그 작품이 당신의 실제 잠재력을 최대한 발휘할 수 있게 해주었는가?

과감하게 도전하는 능력은 힘든 시기를 헤쳐나가게 하는 열쇠다. 벽을 마주하고 뛰어넘는 법을 배워라. 길을 가다가 새로운 벽이 나타날 때마다 돌아선다면 당신은 결코 그 너머로 나아가지 못할 것이다.

- 미리 계획하라: 최종 목표에 대해 숙고하고 어떻게 하면 가장 적게 움직여서 그 목표에 이를지를 계산하라.

- 비슷한 과제들은 하나로 묶어라.

- 시작하기 전에 모든 도구와 재료를 손 닿는 범위 내에 두어라. 그래야만 그것을 찾으러 돌아다닐 필요가 없다.

- 한 단계를 완전히 마친 후에 다음 단계로 이동하라. 마음속으로 기반 돌과 맨 윗돌의 균형을 잡아보라. 하지만 환상을 펼치기 전에 먼저 튼튼한 기반을 만들어야 한다는 것을 잊지 말라.

지극한 행복

난관을 극복할 때마다 형언할 수 없이 행복한 순간이 찾아온다. 이 지극한 행복을 만끽하고 나면 애써 뛰어넘어야 할 또 다른 벽이 있다는 것을 깨닫는다. 난관은 더 큰 난관을 던져준다. 그리고 또 다른 지복의 순간을 경험할 가능성도 함께 건넨다.

호흡을 자각하면서 효율적인 몰입 상태로 들어가라. 마음이 갈팡질팡하기 시작하면 꾸준히 주의를 돌려서 호흡을 알아차려라. 마음은 원래 갈피를 못 잡는 경향이 있다. 황금의 순간에 이르기까지 시간이 오래 걸릴수록 의심이 커지고 생각이 많아지기 시작한다. 예를 들어, 당신에게 저항하고 있는 맨 위의 흔들리는 돌이 누군가에 대한 분노나 자신에 대한 불만을 되살리고, 이어 엄마와 아빠가 크게 싸웠던 어린 시절의 가족 여행을 떠오르게 한다. 그러면 곧바로 당신은 스톤밸런스와 완전히 동떨어지고 만다.

즉시 현재로 돌아오는 방법은 호흡을 자각하는 것이다. 당신이 이 순간의 경험으로 부터 배우고 있다는 것을 기억하고, 한 호흡 한 호흡 계속 나아가라. 당신은 성장할 것이다. 지극한 행복을 발견할 것이다. 당신은 진화할 것이다.

연습 》 끌어당김

갇혀 있는 기분이거나 상처를 받았거나 온갖 사건으로 진이 다 빠질 때마다 우리 는 자기연민의 동굴 속으로 숨어들고 싶어진다. 하지만 그러면 외로움만 커질 뿐 이다. 성장하고 진화하고 싶다면 계속 손을 내밀어야 한다. 이럴 때 도움이 되는 간 단한 연습이 있다.

- 방해받지 않을 곳에 가만히 앉아라. 원한다면 눈을 감아라.

- 호흡을 알아차려라.

- 호흡하면서 당신이 이 순간에 존재하고 있음을 느껴라.

- 몸을 이완시키고 긴장을 풀어라.

- 생각이 꼬리를 물고 이어지면 순간순간 주의를 돌려서 호흡을 알아차려라.

- 준비가 되면 고마움의 마음을 밖으로, 위로 내보내라. 저 하늘의 별들을 향해 사랑을 보 내라.

- 가슴을 열고 사랑을 받아들여라. 별들이 당신에게 돌려주는 사랑을 반갑게 맞아들여라.

하루하루는 인생이라는 모험길을 따라가는 한 걸음 한 걸음이다. 최선을 다할 때 우리는 한 걸음마다 한 호흡마다 계속 성장할 것이다. 먼저 우리는 난관에 맞서고 흔쾌히 도전해야 한다. 두려움과 절망을 뛰어넘어라. 고통스러울 때 호흡을 자각하고 한계에 도전하라. 자기 자신을 믿어라. 고통을 극복하게 해줄 열정을 발견하라. 그리고 그 열정이 어떻게 기세를 뻗는지를 지켜보아라.

우리가 열망한 것은 이미 우리의 것이다. 자신을 활짝 열어 이 풍요를 받아 누리는 것이 바로 인생이다. 매 순간이 새로운 시작이다. 이 순간도 그렇다.

당신이 어떤 것을 굳게 믿는다면 반드시 길이 있다.

진화 요점

- 모든 것은 서로 연결되어 있다.
- 적을수록 풍부하다.
- 자기 자신을 믿고 자신의 잠재력을 수용하라.
- 열정을 발견하라.
- 풍요에 자신을 열어라.

작은 부탁

마음

무언가를 많이 연습할수록 그것에 더욱 능숙해진다. 우리는 두려움에서 도망치는 연습을 할 수도 있고, 두려움에 맞서는 연습을 할 수도 있다. 무엇을 연습하든지 그것에 숙달된다. 성공의 열쇠는 지금까지 배운 것들을 취합하여 활용하고 매 순간 새롭게 시작하는 것이다. 이런 태도를 가리켜 '초심'을 지키며 배움과 성장에 열려 있다고 말한다(98쪽).

충분한 지식에도 불구하고 나는 새로운 스톤밸런스를 완성할 때마다 새로운 눈으로 보려고 여전히 노력한다. 나는 돌을 쌓아본 경험이 전혀 없는 사람을 가르치는 일을 좋아한다. 그 이유는 그 일이 모든 스톤밸런스를, 마치 내가 난생처음 만든 스톤밸런스인 양 바라봐야 한다는 사실을 상기시키기 때문이다. 당신의 마음에 대해 내가 부탁하고 싶은 것은 '전문가'라는 생각을 버리고 매 순간을 새로운 눈으로 보고 새롭게 경험하라는 것이다.

몸

몸이 건강해야 마음이 건강하다. 나는 창의적인 생각에 몰두해서 몸을 돌보는 일을 자주 잊는다. 해야 할 일이 태산이고 끝내려면 아직 멀었는데 뭘 꼭 먹어야 하나 싶다. 건강한 방식으로 영양분을 섭취하여 당신의 몸을 잘 보살펴야 한다. 몸이 건강할 때 마음과 영혼이 최고 수준으로 기능할 수 있다.

영혼

우리는 저마다 독특한 개성을 지니고 있다. 그것이 자신의 영혼이다. 어린아이들에게서는 영혼만 보인다. 그러다가 차차 나이를 먹으면서 에고가 강해진다. 에고는 우리에게 이렇게 생각하고 저렇게 행동하라고 지시한다. 사회규범을 따르라 강요하고, 창의성은 '배고픈 예술가'의 삶으로 이어진다고 단정 짓는다. 머릿속의 비평가가 계속 이렇게 종알거리면 영혼의 진실한 목소리는 잠잠해진다.

어릴 적 즐겁게 몰입했던 활동을 할 때 어른으로서도 가장 크게 성공할 거라고 나는 생각한다. 우리가 원하는 모든 것이 우리의 손이 닿는 곳에 있다. 중요한 것은 이 풍요에 자신을 여는 것이다. 세월이 흐르면서 우리는 가장 큰 승리로 통하는 기회의 문을, 들어가 보지도 않고 제 손으로 닫기 시작한다. 내가 부탁하고 싶은 것은, 일단 머릿속 비평가의 입을 막고 몸을 잘 먹였다면 이제는 영혼의 목소리를 경청하라는 것이다. 당신의 영혼 속에 살아 있는 열정을 찾아내고, 그것을 세상 사람들에게 널리 알려라. 마지막 숨을 내쉴 때까지 마음껏 열정을 풀어내라.

당신의 영혼 속에 살아 있는
열정을 찾아내고,
그것을 세상 사람들에게 널리 알려라.
마지막 숨을 내쉴 때까지
마음껏 열정을 풀어내라.

사진

나의 진화 여정

나의 행운의 숫자는 15이다(나는 3월 15일에 태어났다). 그래서 내가 가장 좋아하는 스톤밸런스 15개를 시기순으로 소개해 내 작품이 시간의 흐름에 따라 어떻게 진화했는지를 보여주고 싶다.

이 책에 실린 사진들을, 호흡을 자각하고 자신의 잠재력을 깨닫는 출발점으로 삼아도 좋다. 나는 눈을 감고 명상한 후에 천천히 눈을 뜨면서 스톤밸런스를 응시하는 것을 좋아한다. 당신도 그렇게 해보면 좋을 것 같다.

나의 작품이 어느 수준까지 진화할까? 지금으로서는 모른다. 하지만 나는 언제까지나 계속 창조할 것이다. 그리고 내 여정이 당신을 자극해 당신이 가슴을 따르고 열정을 발휘하기를 희망한다.

사진의 제목

나는 내가 완성한 스톤밸런스마다 이름을 붙인다. 이름은 그 작품을 만든 시기에 내가 숙고했던 주제를 표현한다. 〈선택〉(158쪽)을 만들 무렵 나는 선택의 주체가 나 자신인지 아니면 다른 무엇인지 골똘히 생각했다. 〈믿음〉(141쪽)을 만들 땐 미래는 아직 오지 않은 환상에 불과하며 존재하는 것은 이 순간뿐이라는 생각에 집중했다. 각각의 스톤밸런스에 담긴 주제들은 내가 앞으로 만들 스톤밸런스들을 관통하는 보편적 주제이기도 하다. 모든 것은 제각기 유일무이하며 또한 하나로 연결되어 있다는 이 상반된 진실을 숙고할 필요가 있다. 내가 각각의 스톤밸런스를 만들면서 느꼈던 것을 당신도 이 사진들을 보며 똑같이 느끼기를 희망한다.

△ 평화   몰입 ▷

◁ 상반   △ 헌신

△ 극단   힘 ▷

◁ 현현   △ 지복

◁ 창조   △ 시스템

부단하게 충분히 노력한다면 승리는 당연하다.
먼저 우리는 난관에 맞서고 흔쾌히 도전해야 한다.
두려움과 절망을 뛰어넘어라.
고통스러울 때 호흡을 자각하고 한계에 도전하라.
자기 자신을 믿어라.
고통을 극복하게 해줄 열정을 발견하라.
그리고 그 열정이 어떻게
기세를 뻗는지를 지켜보아라.
우리가 열망한 것은 이미 우리의 것이다.

◁ 압력

스톤밸런싱: 내면의 균형을 잡아주는 마음챙김 명상

초판 1쇄 인쇄 2021년 5월 3일
초판 1쇄 발행 2021년 5월 21일

지은이 | 트래비스 러스커스
옮긴이 | 윤서인
발행인 | 강봉자, 김은경

펴낸곳 | (주)문학수첩
주소 | 경기도 파주시 회동길 503-1(문발동 633-4) 출판문화단지
전화 | 031-955-9088(마케팅부), 9532(편집부))
팩스 | 031-955-9066
등록 | 1991년 11월 27일 제16-482호

홈페이지 | www.moonhak.co.kr
블로그 | blog.naver.com/moonhak91
이메일 | moonhak@moonhak.co.kr

ISBN 978-89-8392-848-1 03190

＊파본은 구매처에서 바꾸어 드립니다.